Dieter Seibert

Skitouren
Vorarlberg

Steiger-Skitourenführer

Dieter Seibert

Skitouren
Vorarlberg

Steiger-Skitourenführer

STEIGER
VERLAG

Der Autor:
Dieter Seibert ist seit über 30 Jahren als Redakteur, Buchautor und Fotograf tätig. Mit seinen Buchpublikationen im Bereich des Bergsports hat er sich einen Namen gemacht. Vorarlberg kennt er durch zahlreiche Skitourenunternehmungen, die er dort bereits durchgeführt hat.

Von Dieter Seibert sind bei Steiger außerdem lieferbar:
• Wanderungen mit Kindern im Allgäu • Wanderungen in Tirol
• Skitouren Allgäu • Skitouren Bayern • Skitouren Stubaier Alpen • Langlauf im Allgäu

Die Deutsche Bibliothek – CIP-Einheitsaufnahme

Seibert, Dieter:
Skitouren Vorarlberg / Dieter Seibert. – Augsburg : Steiger, 1998
   (Steiger-Skitourenführer)
ISBN 3-89652-147-0

Alle Informationen und Hinweise ohne jede Gewähr und Haftung.

Gedruckt auf chlorfrei gebleichtem Papier.

© 1998 **Steiger Verlag**
Ein Imprintverlag der Weltbild Verlag GmbH, Augsburg
Alle Rechte vorbehalten
Lektorat: Evelyn Köhler
Kartenskizzen: Dieter Seibert, Sonthofen
Umschlaggestaltung: hummel & fette, Neuburg/Donau
Satz und Layout: Gesetzt aus 9/10 pt Stone Sans von
Verlagsservice G. Pfeifer / EDV-Fotosatz Huber, Germering
Reproduktion: Repro-Line, München
Druck und Bindung: Appl, Wemding

Einbandvorderseite: Bei Bad Laterns (Foto: Peter Mathis, Hohenems). Einbandrückseite: Gehrenfalben (Foto: Peter Mathis, Hohenems). S 1: Damüls-Uga und Mittagspitze; S 2/3: Oberster Bregenzerwald im ersten Morgenlicht (Hohe Künzel).
Sämtliche Farbaufnahmen im Innenteil dieses Buchs stammen von Dieter Seibert, Sonthofen.

Printed in Germany
ISBN 3-89652-147-0

nhaltsverzeichnis

orarlberger Skiziele 9
um Skiführer 10
bersichtskarte 12

1 Falken (1564 m) 13
2 Westlicher Koppachstein (1540 m) 16
3 Östlicher Koppachstein (1532 m) 17
4 Siplingerkopf (1746 m) 19
5 Feuerstätterkopf (1645 m) 21
6 Hochrieskopf (1467 m) 24
7 Winterstaude (1877 m) 25
8 Bullerschkopf (1761 m) 27
9 Sienspitze (1600 m) 29
0 Luguntenkopf (1702 m) 31
1 Hochblanken (2068 m) 31
2 Liggstein (1592 m) 34
3 Mittagsfluh (1637 m) 36
4 Falzerkopf (1968 m) 36
5 Steinmannl (1981 m) 38
6 Hehlekopf (2058 m) 40
7 Güntlespitze (2092 m) 41
8 Toblermannskopf (2010 m) 43
9 Brendler Lug (1770 m) 45
0 Annalperjoch (1997 m) 47
1 Kanisfluh (2044 m) 49
2 Klippern (2066 m) 51
3 Wannenkopf (2006 m) 53
4 Elsenkopf (1940 m) 54
5 Ragazer Blanken (2051 m) 56
6 Portlerhorn (2010 m) 59
7 Hohe Kugel (1645 m) 61
8 Obersehrenkopf (1770 m) 63
9 Guntenkopf (1811 m) 64
0 Hoher Freschen (2004 m) 65
1 Hochgerach (1985 m) 67

32 Zaferhorn (2107 m) 69

33 Kunkelkopf (2110 m) 71

34 Lusgrind (2286 m) 73

35 Wangspitze (1766 m) 75

36 Höferberg (2131 m) 78

37 Seekopf (2039 m) 79

38 Grüner (1914 m) 80

39 Gehrenberg (1935 m) 82

40 Oberer Schafberg (2651 m) 84

41 Roßkopf (2200 m) 86

42 Erzberg (2297 m) 88

43 Hasenfluh (2544 m) 88

44 Wösterhorn (2309 m) 89

45 Gümplespitze (2518 m) 91

46 Westliche Erlispitze (2631 m) 93

47 Krabachspitze (2522 m) 94

48 Trittscharte (2580m) 94

49 Peischelkopf (2412 m) 95

50 Kaltenberg (2896 m) 97

51 Schönberg (2104 m) 99

52 Galinakopf (2198 m) 101

53 Mondspitze (1967 m) 102

54 Skiköpfle (1794 m) 104

55 Klamperschrofen (1755 m) 105

56 Blankuskopf (2334 m) 107

57 Windeggerspitze (2331 m) 108

58 Oberzalimkopf (2340 m) 109

59 Douglaßhütte (1976 m) 110

60 Schesaplana (2965 m) 112

61 Schafgafall (2414 oder 2393 m) 115

62 Wannaköpfle (2032 m) 116

63 Itonskopf (2089 m) 118

64 Golmer Kreuzjoch (2261 m) 119

65 Geißspitze (2334 m) – von Norden 121

66 Lindauer Hütte (1744 m) 122

67 Geißspitze (2334 m) – von Süden 124

68 Öfakopf (2374 m) 125

69 Großer Drusenturm (2830 m) 127

70 Drusentor (2343 m) 130

71 Garschina-Schafberg (2456 m) 131
72 Vergalda-Schneeberg (2588 m) 132
73 Hinterberg (2682 m) 135
74 Madrisajoch (2612 m) 136
75 Ritzenspitzen (2650 m) 138
76 Rotbühelspitze (2853 m) 139
77 Östlicher Paschianikopf (2514 m) 141
78 Versettla (2372 m) 141
79 Madrisella (2466 m) 143
80 Südlicher Matschunerkopf (2425 m) 145
81 Heimbühel (2540 m) 146
82 Westliche Kromerspitze (2865 m) 147
83 Östliche Kromerspitze (2842 m) 149
84 Saarbrücker Hütte (2538 m) 151
85 Kleinseehorn (3032 m) 152
86 Winterberg (2924 m) 153
87 Sonntagspitze (2882 m) 155
88 Schneeglocke (3223 m) 155
89 Wiesbadener Hütte (2443 m) 158
90 Silvrettahorn (3244 m) 159
91 Silvretta-Egghorn (3147 m) 160
92 Silvretta-Rundfahrt 161
93 Signalhorn (3210 m) 162
94 Piz Buin (3312 m) 163
95 Dreiländerspitze (3197 m) 166
96 Hintere Jamspitze (3156 m) 168
97 Rauher Kopf (3101 m) 169
98 Haagspitze (3029) 172
99 Madlenerspitze (2969 m) 172
00 Mittl. Getschnerspitze (2965 m) 174
01 Hennekopf (2704 m) 175

Register 176

Bei Bartholomäberg über dem Montafon.
Im Hintergrund Tschaggunser Mittagspitze, Schwarzhorn und Sulzfluh.

Vorarlberger Skiziele

Vorarlberg – so heißt das westlichste Land Österreichs. Es hängt lediglich über den Arlberg und den Hochtannberg mit dem Mutterland zusammen. Ganz offen ist das Land hingegen Richtung Westen, wo der Rhein die Grenze bildet, und im Norden beim Bodensee. Da liegt es nahe, daß Wanderer, Bergsteiger und Skifahrer eher aus dem westlichen Bayern oder aus Baden-Württemberg kommen als aus dem restlichen Österreich.

Die Bergwelt im Ländle, wie die Vorarlberger liebevoll ihr kleines Land benennen, zeigt eine außergewöhnliche Vielfalt; hier ist alles vertreten von einer Art Mittelgebirge im äußeren Bregenzerwald bis zum Piz Buin, einem stolzen und berühmten Dreitausender über weiten Gletscherflächen. Tourengeher finden deshalb hier reizvolle Ziele für die gesamte Saison vom Frühwinter bis hinein ins späte Frühjahr. Unser Führer beschreibt 101 Touren zu interessanten Gipfeln, Scharten und Hütten, die alle mit Abfahrten zum Schwelgen aufwarten. Es gibt noch etwa hundert weitere Möglichkeiten, die jedoch in diesem oft anspruchsvollen, steilen oder auch waldreichen Gelände nicht immer »makellos« sind.

Die Linie Feldkirch – Bludenz – Arlberg trennt Vorarlberg in zwei recht unterschiedliche Regionen. Im Norden, wo Bregenzerwald- und Lechquellengebirge dominieren, findet man typische Voralpengipfel, zudem manchen steilen Grasberg und dann – vor allem um Lech – mächtige, teilweise sehr wilde Felszinnen aus Kalk. Südlich der erwähnten Linie ragen die Zentralalpen auf mit dem Rätikon als Blickfang, in dem – sozusagen gegen die Regel – die meisten Gipfel ebenfalls aus Kalk bestehen. Das Nonplusultra für Skitourengeher ist schließlich die Silvretta über dem innersten Montafon ganz im Südosten vom Ländle, deren starke Vergletscherung auffällt.

Und eines schätzen die Skifreunde in Vorarlberg ganz besonders: den ungewöhnlichen Schneereichtum!

Zum Skiführer

Ein Führer kann kein Lehrbuch ersetzten. Jeder sollte lernen, sich selbst die ideale Tour auszuwählen, und Wetter- und Schnee- verhältnisse, Lawinensituation, Jahreszeit, persönlichen Ge- schmack, Können und Kondition der Teilnehmer dabei berück- sichtigen. Wir erleichtern ihm dies so weit wie möglich durch ausführliche Charakterisierungen und genaue Angaben zu jedem einzelnen Ziel.

Auch die **Routenbeschreibungen** sind hier exakter und aus- führlicher als üblich. Man kann sich schließlich nicht darauf ver- lassen, daß vorhandene Spuren einem alle Orientierungspro- bleme abnehmen. In letzter Zeit trifft man immer häufiger auf Tourenbeschreibungen, in denen die Schwierigkeiten und Gefahren nicht erwähnt oder heruntergespielt werden. Das ist verantwortungslos! In diesem Büchlein wird deshalb manch- mal eindringlicher auf die Probleme hingewiesen, als das sonst üblich ist.

Das gleiche gilt auch für manchen **Gipfelaufbau**. Bei weichem Schnee und dicker Spur läßt sich selbst Steiles oft gut begehen (etwa am Piz Buin). Im hartgefrorenen Zustand jedoch werden viele Anstiege schlagartig zur ernsten, gefährlichen Hochtouren. Skistöcke sind dann kein Ersatz für Pickel und Steigeisen! Manche waren auch schon froh um ein Seil.

Auf den **Gletschern** brauchen Bergsteiger zusätzliche Erfahrung und weitere Ausrüstung. Im Frühjahr liegen viele Spalten zwar unter einer dicken Schneedecke, bilden aber dennoch eine ernste Gefahr. Tödliche Unfälle sind eine entsprechende Warnung! Je früher im Winter, desto größer ist die Gefährdung!

Auch mit der **Lawinengefahr** wird oft allzu sorglos umgegangen. Kein skifahrerisches Können, kein Probieren und kein Lawinensuchgerät bewahren vor dem Weißen Tod, sondern einzig ein rechtzeitiges Umkehren in kritischen Situationen! Verantwortungsbewußte informieren sich vor der Tour genau über die herrschenden Bedingungen bei Hüttenwirten, Verkehrsämtern, Skischulen oder Bergführern. Die allgemeine Lage erfährt man über den

Lawinenlagebericht in Österreich für Vorarlberg,
Tel. 05522/1588; persönliche Beratung: Tel. 05574/4308.

Aufstiegszeiten gelten für »Normalbergsteiger« bei guten Bedingungen und vorhandener Spur. Mit schwerem Rucksack oder bei anstrengendem Spuren wird der Zeitbedarf natürlich stark steigen. Die Angaben können zudem nur Richtwerte sein; jeder muß für sich selbst das eigene Tempo herausfinden.

Eine exakte **Landkarte**, verbunden mit der Fähigkeit, sie perfekt zu lesen, ist die wichtigste Ergänzung zu unseren Beschreibungen. Das gesamte Gebiet ist hervorragend auf der Österreichischen Karte (Blätter: 111, 112, 113, 141, 142, 143, 169, 170) dargestellt. Für zwei Bereiche gibt es auch Alpenvereinskarten (»Silvretta« und »Lechtaler Alpen – Arlberggebiet«) mit eingetragenen Skirouten.

Im Skigebiet der Schwarzwasserhütte (Kleinwalsertal) mit dem Grünhorn, das sich ebenfalls mit Skiern besteigen läßt.

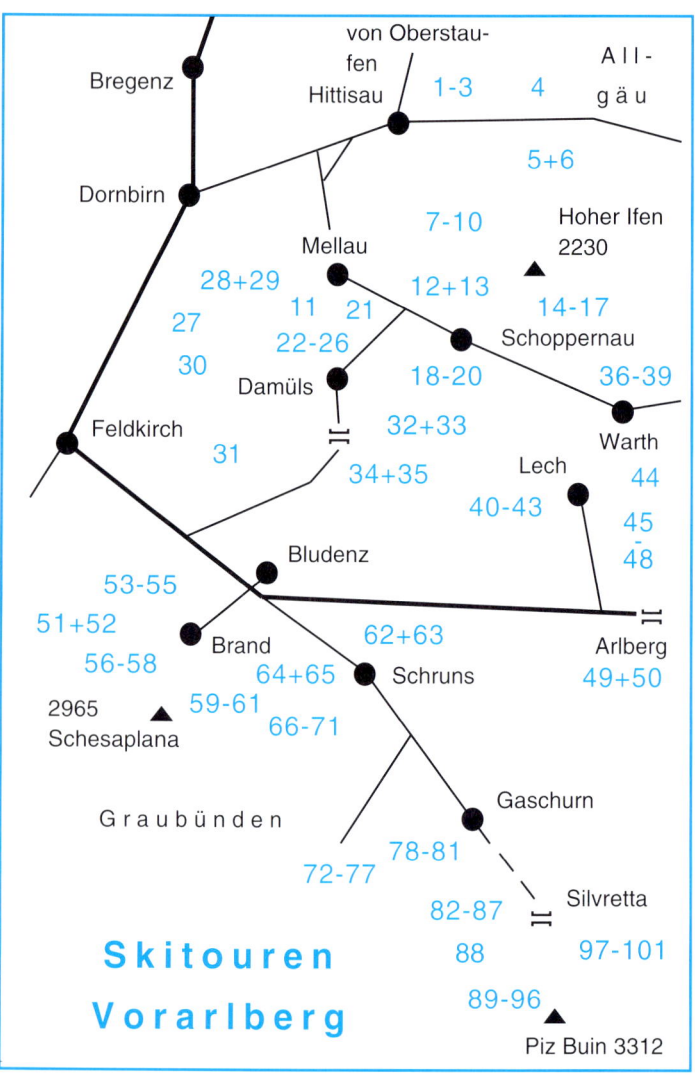

Bregenz

von Oberstau-
fen
Hittisau

A l l -
g ä u

1-3   4

5+6

Dornbirn

7-10

Hoher Ifen
2230

Mellau

28+29

12+13

14-17

11   21

Schoppernau

27

22-26

30

Damüls

18-20

36-39

Feldkirch

32+33

Warth

31

34+35

Lech

44

40-43

45
-
48

Bludenz

53-55

51+52

62+63

Arlberg

56-58

Brand

49+50

64+65

Schruns

2965

59-61

Schesaplana

66-71

G r a u b ü n d e n

Gaschurn

72-77

78-81

82-87

Silvretta

88

97-101

89-96

**Skitouren
Vorarlberg**

Piz Buin 3312

Falken (1564 m)

Unbekanntes Ziel im Nagelfluh

Nagelfluhkette heißt der nördlichste große Kamm der Allgäuer Alpen, der von Immenstadt bis nach Hittisau zieht. Sein vorletzter Gipfel ist der Falken, der von Süden als runder, weißer, recht steiler Kopf ins Auge fällt.

Die Tour Wie ein Schachbrett ist die Südwestseite des Falken in Waldstücke und freie Wiesenflächen aufgeteilt. Bei entsprechender Routenführung kann man hier fast waldfrei abfahren. Wegen des steilen Gipfelkopfs und der reinen Südlage sollte man diese Tour bei Firn im Februar oder März (evtl. noch im April) begehen.

Aufstieg von Süden Vom Waldrand auf dem fast immer gespurten Fahrsträßchen in einem Bogen durch Wald zu neuen Lichtungen und nach Osten zu einem Hof mit auffallendem Ahorn (Wegverzweigung). Auf dem linken, weniger begangenen Sträßchen nochmals kurz durch Wald zur Ohlisgschwendalpe und über freie Flächen nach Norden zur Urschla-

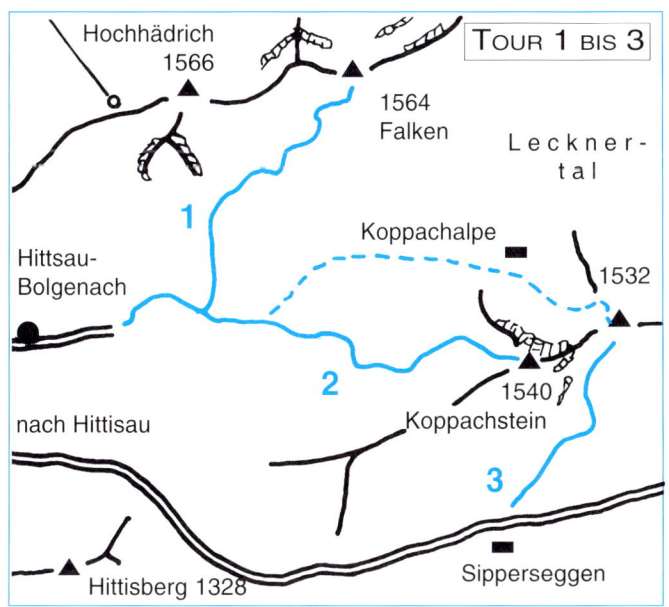

Auf dem Weg zum Koppachstein mit Blick auf den Falken und dessen sehr schöne Abfahrt nach Süden.

bodenalpe. Noch etwa 10 Min. empor, dann nach rechts über einen Graben und weiter nach rechts zur nächsten Alphütte. Etwas östlich ausholend über das nun viel steilere Gelände an den Fuß der Gipfelhänge. Steil schräg rechts empor, dann auf den stumpfen Südrücken und rechts davon zum höchsten Punkt.

Auf dem Weg zum Koppachstein mit Blick auf den Falken und dessen sehr schöne Abfahrt nach Süden.

2 Westlicher Koppachstein
(1540 m) Schöne, waldgesäumte Alpweiden

Touren-Steckbrief

Aufstiegszeit: Reichlich 2 Std. von Hittisau-Bolgenach.
Abfahrt: 670 Hm über schöne Alplichtungen und durch kurze Waldpassagen, kleiner Gegenanstieg.
Lawinengefahr: Bei vernünftiger Routenführung ohne Probleme.
Himmelsrichtung: Nordwest- und Westhänge.
Gipfelaufbau: Mit Skiern bis zum Gipfel.
Stützpunkt: Unterwegs keiner, Gasthaus in Bolgenach.
Ausgangspunkt: Von Oberstaufen oder von Bregenz nach Hittisau im äußeren Bregenzerwald. Über die Bolgenach und nach rechts durch den gleichnamigen Ortsteil etwa 2,5 km zum Waldrand (900 m, beschränkte Parkmöglichkeit).

Schaut man von Hittisau nach Osten, dann fällt der Blick auf einen behäbig breiten Berg, den Westgipfel des Koppachsteins. Links davon ist ein weites Tal eingeschnitten, das den wenigsten ein Begriff sein wird: das Lecknertal, in dessen Hintergrund man ganz überraschend auf die österreichisch-deutsche Grenze trifft.

Die Tour Aus dem äußeren Teil des erwähnten Lecknertals führt die Skiroute zum Westlichen Koppachstein. Die in freie Lichtungen, Alpweiden und Waldzonen aufgeteilten Nordwesthänge bieten eine feine Abfahrt, die inzwischen relativ beliebt ist. Leider wachsen auch in diesem Bereich einst freie Regionen mit Fichtenwald zu.

Aufstieg von Westen Vom Waldrand auf dem fast immer gespurten Fahrsträßchen in einem Bogen durch Wald zu neuen Lichtungen und nach Osten zu einem Hof mit auffallendem Ahorn. Hier geradeaus und nach einer Höhe kurz abwärts zur

Lecknerbachbrücke. 150 m danach Abzweigung der Skiroute vom Talsträßchen. Gerade über einen weiträumigen Rücken aufwärts, an einer Alphütte vorbei und auf der rechten Seite in den oberen Teil der freien Flächen. Nach rechts über den Bach und zwischen Bäumen zur Unteren Ochsenlageralpe. An den Waldecken links vorbei, dann über den schönen Hang, am Schluß nochmals zwischen Bäumen zum Gipfel, dem ein kleiner Zacken aus Nagelfluh als höchster Punkt aufgesetzt ist.

Östlicher Koppachstein (1532 m) Unbekannte Firntour über Sippersegg

Touren-Steckbrief

Aufstiegszeit: Gut 1 1/2 Std. von der Balderschwanger Straße.

Abfahrt: 560 Hm über herrliche, waldfreie, sehr zügige Hänge, eine typische Firnstrecke.

Lawinengefahr: Bei geschickter Routenführung wenig gefährdet.

Himmelsrichtung: Rein südseitig

Gipfelaufbau: Mit Skiern bis auf den Gipfel.

Stützpunkt: Unterwegs keiner, nächstes Gasthaus an der Straße Richtung Hittisau.

Ausgangspunkt: Von Bregenz oder Oberstaufen nach Hittisau im äußeren Bregenzerwald. Von dort auf guter Straße Richtung Balderschwang; nach der Brücke über die Bolgenach noch 2 km nach Sippersegg mit Kapelle (970 m); am Straßenrand parken.

Ein fast zehn Kilometer langer Kamm begleitet im Norden das Tal von Balderschwang bis ins Gebiet von Hittisau. Im Westteil des Grates ragt ein breiter Doppelgipfel auf: der Koppachstein, dessen um acht Meter höheren Westgipfel wir bei Tour 2 schon vorgestellt haben.

Die Tour Von allen Seiten ziehen sich Weideflächen zum Kamm hinauf und bieten manche Möglichkeit für Skitouren. Vollkommen waldfrei und gleichzeitig ohne jede Flachstelle verläuft die Südroute über die Untere Hobelalpe. Firn ist ideal für diese problemlose Strecke, die im Frühjahr jedoch rasch »grüne Flecken« bekommt.

Aufstieg von Süden Start bei einem einzelnen Haus auf der nördlichen Straßenseite kurz vor der Sippersegg-Kapelle. Neben einem Materiallift nach Nordosten über den Hang immer schräg nach rechts zur Gschwendwiesalpe. Nun gut 100 Hm gerade empor, dann nach rechts zur Unteren Hobelalpe. Von dort abermals gerade aufwärts über eine steilere Stufe, dann beliebig auf den weiten Hängen zum Östlichen Koppachstein, dem rechten, fast baumfreien und etwas zurückversetzten Gipfel.

Nordwesthang Wer nach diesem eher kurzen Aufstieg noch mehr unternehmen will, fährt über den schönen, steilen Nordwesthang 300 bis 400 Hm hinab (nicht bei Schneebrettgefahr!). Hier hält sich der Pulverschnee lange. Vom allerobersten Westgrat fährt man erst schräg nach Norden, dann sich ein wenig links haltend durch eine kaum ausgeprägte Steilmulde ins flachere Gelände der Koppachalpe ab (dorthin kommt man auch bequem durch das Lecknertal, siehe Tour 2). Der Gegenanstieg auf der gleichen Route dauert 60 bis 80 Minuten.

Tiefverschneite Alphütte beim Aufstieg von der Straße Hittisau – Balderschwang zum Östlichen Koppachstein.

Siplingerkopf (1746 m)

Reizvolle Skitour für Findige

Touren-Steckbrief

Aufstiegszeit: Reichlich 2 Std. von Balderschwang.
Abfahrt: 700 Hm, durchgehend freies Gelände ohne flache Stellen, alpine Erfahrung nötig; untere Hänge apern früh aus. Ohne Spuren nicht leicht zu finden!
Lawinengefahr: Sichere Verhältnisse nötig, da es über der Route steilstes Grasgelände gibt.
Himmelsrichtung: Südwest- bis südostseitig.
Gipfelaufbau: Nur wenige Minuten zu Fuß über einen Grat.
Stützpunkt: Unterwegs keiner, Gasthäuser etc. in Balderschwang.
Ausgangspunkt: Von Bregenz oder Oberstaufen nach Hittisau und weiter auf guter Straße 12 km nach Balderschwang (1044 m); Parkmöglichkeit 400 m östlich der Kirche am Straßenrand (Gebühr).

Siplingerkopf – Eingeweihte sagen: »der Siplinger« – heißt der Hauptgipfel in jenem langen Bergkamm, der das Balderschwangertal weit nach Westen begleitet. Er überragt seine Nachbarn deutlich und zählt zu den typischen Nagelfluhbergen: Die Hänge fallen oft sehr steil ab und sind überall von Felszacken und -fluhen durchsetzt.

Die Tour Der schon erwähnte Nagelfluh sorgt dafür, daß man selbst den Siplingerkopf ohne größere Probleme mit Skiern besteigen kann. In die äußerst steilen, im östlichen Bereich auch stark felsdurchsetzten Südhänge sind, wie hier so häufig, eine Rampe und versteckte Tälchen eingelagert, die einen idealen Durchschlupf schaffen. Das letzte Stück führt durch eine ganz schmale Nagelfluhgasse, die wir »canale siplinger« getauft haben.

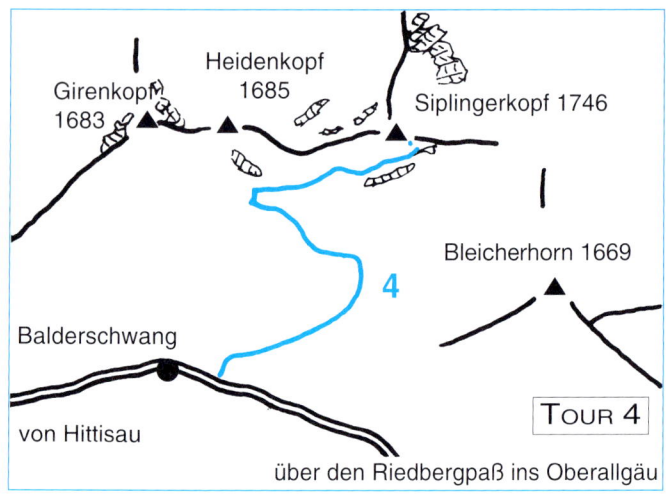

Girenkopf
1683

Heidenkopf
1685

Siplingerkopf 1746

Bleicherhorn 1669

4

Balderschwang

von Hittisau

TOUR 4

über den Riedbergpaß ins Oberallgäu

Aufstieg von Süden   Von der Talstraße im Bereich eines breiten Alpweges über fast freie Hänge schräg rechts aufwärts und unter der Socheralpe hindurch bis an den folgenden Berghang. Nun im spitzen Winkel nach links hinauf gegen die Untere Balderschwangeralpe. 200 m vor der stattlichen Hütte geht es über die schönen Mulden immer etwas nach links aufwärts bis auf den ebenen Miniboden in 1450 m Höhe. Fünf Minuten talein, dann rechts auf einer Rampe, die man erst jetzt entdeckt, schräg zwischen einzelnen Bäumen empor. Sie führt erstaunlich gut durch das sonst äußerst steile Gelände und geht schließlich in ein Tälchen über. Über dessen kleine Stufe (mit ein paar Wetterfichten) in das obere Becken. Hier nicht geradeaus zum Kamm, sondern sofort rechts über eine Stufe von wenigen Metern auf die freie Südabdachung. Parallel zum Oberrand der Fläche sanft nach Osten aufwärts zur Ausmündung des »canale siplinger«. Durch die Felsenge schlüpfen, dann durch die Gasse in die abschließende Lücke und zu Fuß über den kurzen Grat auf den weiträumigen Gipfel.

Abfahrt Achtung – man sollte in den Südhängen des Siplingerkopfs bei der Abfahrt keine Varianten probieren, da scheinbar schöne Mulden dann doch stets in unbefahrbares Steilgelände übergehen!

Feuerstätterkopf

(1645 m) Spritztour über hindernislose Hänge

Touren-Steckbrief

Aufstiegszeit: 2 Std. von Sibratsgfäll-Rindberg
Abfahrt: 600 Hm über hindernislose, stets gut geneigte Südhänge.
Lawinengefahr: Bei geschickter Routenführung wenig gefährdet.
Himmelsrichtung: Rein südseitig.
Gipfelaufbau: Schmaler, mit Wetterfichten besetzter Gipfelgrat, den man besser zu Fuß begeht.
Stützpunkt: Unterwegs keiner, doch Gasthaus in Rindberg.
Ausgangspunkt: Von Bregenz oder Oberstaufen nach Hittisau im Bregenzerwald. Von dort noch 3 km in Richtung Balderschwang, dann auf ordentlicher Straße über einen Sattel nach Sibratsgfäll (929 m). Auf kleiner Straße nach Rindberg (1000 m) hinauf; beschränkte Parkmöglichkeiten.

Südlich von Balderschwang breitet sich ein weites Berggebiet aus, in dem es nordseitig viel Wald gibt. Nur ein Berg, der zudem noch herrliche weiße Flächen zeigt, ragt markant hervor. Das ist der Feuerstätterkopf.

Die Tour Unser Gipfel bietet eine interessante Skiroute von Balderschwang über die Nordseite. Noch schöner aber sind die versteckten Südhänge mit einer wirklich makellosen Abfahrt ohne Flachstellen. Man startet zu dieser Route vom weltabgeschiedenen Ort Sibratsgfäll, der auch Pisten und interessante Loipen (bis Schönenbach-Vorsäß!) bietet. Beim Aufstieg zum Feu-

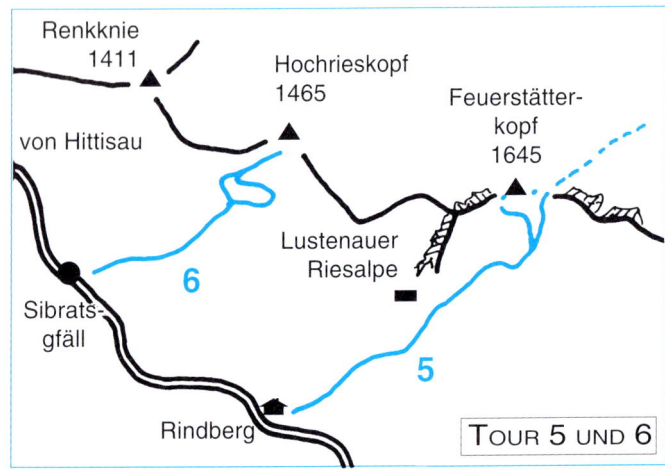

Tour 5 und 6

erstätterkopf begeistert der Blick auf die kilometerlangen Felsfluhen der Gottesackerwände.

Aufstieg von Süden Vom Gasthaus in Rindberg sich etwas rechts haltend zu einem einzelstehenden Haus und oberhalb wieder leicht nach rechts auf eine Minikuppe im Gelände (1150 m). Rechts auf einem Weg durch einen ganz schmalen Waldstreifen zu neuen freien Flächen mit Hüttchen. Nun immer gerade über die sehr schönen Hänge aufwärts bis auf der Höhe der Lustenauer Riesalpe, die links bleibt. Auf einem Fahrweg weiter bis in ein Becken in 1400 m Höhe. Nach dem Bach rechts der Bäume kurzzeitig steiler aufwärts, dann auf einer Rampe in den Sattel östlich der Gipfelschneide. Zu Fuß über eine Stufe, dann auf dem schmalen, von Fichten besetzten Grat zum höchsten Punkt (mit eingeschränkter Sicht). Man kann auch – etwas kürzer, aber steiler – nach dem Bach weiter links zwischen einzelnen Fichten bis unter die Gipfelschneide emporsteigen. Von dort auf bequemen Absätzen nach links zur Südwestschulter und zu Fuß über die Gratkante rasch auf den Gipfel.

Zusatz-Schmankerl Da der Anstieg zu unserem Berg nicht mehr als zwei Stunden beansprucht, kann man noch ein ganz

besonderes Vergnügen anschließen: Vom oben erwähnten Ost-
gratsattel über den anfangs sehr steilen Nordhang (Schneebrettgefahr!) in oft schönstem Pulverschnee in den Bereich der
Güntlealpe hinab; die freien Hänge sind 300 m hoch. Dann
Gegenanstieg von knapp einer Stunde zurück in den Sattel.

Hochrieskopf (1467 m)

Unauffälliger Berg mit makellosen Hängen

Touren Steckbrief

Aufstiegszeit: Knapp 2 Std. von Sibratsgfäll.
Abfahrt: 540 Hm, fast hindernislos, einfach.
Lawinengefahr: Die steilen Hänge über Bereuters Riesalpe
erfordern sichere Verhältnisse.
Himmelsrichtung: Rein südseitig, deshalb für Firn oder fri-
schen Pulverschnee geeignet.
Gipfelaufbau: Mit Skiern bis zum Gipfel.
Stützpunkt: Unterweg keiner.
Ausgangspunkt: Sibratsgfäll (929 m); stiller, in einem Sei-
tental versteckter Ort, den man von der Strecke Hittisau –
Balderschwang auf guter Straße über einen Sattel erreicht
(siehe auch Tour 5).

In dem langen Kamm, der vom Feuerstätterkopf nach Westen
zieht, ragt deutlich aus dem Grat noch ein Gipfel hervor, der
erstaunlicherweise keinen Namen trägt. Ich habe ihn deshalb
Hochrieskopf getauft.

Die Tour Von einer ganz kurzen Querung abgesehen, trifft
man am Hochrieskopf nur auf schönste Skihänge ohne jede kri-
tische und ohne jede flache Stelle. Bei passendem Schnee macht
diese Spritztour also wirklich Spaß, auch wenn Fichten auf den
beiden Gipfelköpfen die Sicht etwas einschränken. Die Hänge

weiter östlich sind ebenfalls makellos; bei einem Start unten am Liftparkplatz kommt man dort auf 630 Hm Abfahrt.

Aufstieg von Süden Direkt von der Kirche in Sibratsgfäll auf einem Anrainersträßchen wenige Minuten schräg rechts empor auf die weiten, freien Wiesen. Gemütlich über das Idealgelände aufwärts, dann etwas steiler rechts hinaus auf die nächsten

Unterwegs von Sibratsgfäll über hindernislose Südhänge auf den Hochrieskopf.

Flächen und zu einer Alpe. Erst flach talein, dann immer im Bereich des Alpwegs etwas nach rechts zur schmucken Bereuters Riesalpe am Fuß äußerst steiler Grashänge. Links der Hütte auf dem unteren, breiten Weg zwischen Bäumen quer durch die Steilstufe auf neue, freie Hänge. Sich ein wenig rechts haltend empor und durch eine weite Einbuchtung zwischen Wald zum Grat und nach rechts oder links auf einen der beiden etwa gleich hohen Gipfel.

Abfahrt Wie beim Aufstieg; man kann jedoch vor der Querung zur Riesalpe sehr steil gerade abfahren.

Winterstaude (1877 m) 7

Wächter über dem äußeren Bregenzerwald

Touren-Steckbrief

Aufstiegszeit: Knapp 3 Std. von Schetteregg.
Abfahrt: 800 Hm über rassig-anspruchsvolle Nordosthänge und weite, sanfte Alpflächen.
Lawinengefahr: Allerbeste Verhältnisse notwendig (extrem steiles Grasgelände!).
Himmelsrichtung: Nordost- und nordseitig.
Gipfelaufbau: Mit Skiern bis auf den Gipfel.
Stützpunkt: Unterwegs keiner, Gasthäuser in Schetteregg.
Ausgangspunkt: Von Egg oder Lingenau nach Großdorf und auf kleiner, aber ordentlicher Straße nach Schetteregg-Amagmach (1060 m, Pistengebiet).

Der berühmte, wirklich in der vordersten Reihe stehende Aussichtsberg leuchtet mit seiner weißen Pracht bis ins Alpenvorland hinaus. Er bildet den markanten Mittelpunkt eines 10 km langen Kammes, der den äußeren Bregenzerwald nach Süden wie eine Mauer abriegelt.

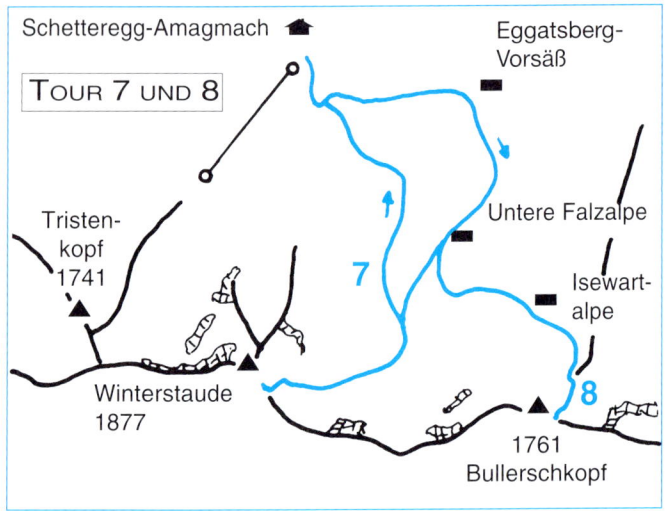

Schetteregg-Amagmach

TOUR 7 UND 8

Eggatsberg-Vorsäß

Tristen-kopf
1741

Untere Falzalpe

7

Isewart-alpe

Winterstaude
1877

8

1761
Bullerschkopf

Die Tour Das Weiß der Winterstaude ist trügerisch-gefähr-lich: Die nordseitigen, fast überall äußerst steilen Grashänge bil-den ein ganz extremes Lawinenrevier. Nur im Nordosten des Gipfels ist eine etwas sanftere Mulde eingelagert, die bei sehr guten Verhältnissen eine reizvolle Abfahrt für alle Steilhang-Spe-zialisten bietet. Man kann den Berg auch von den Liften an der Niedere erreichen; allerdings müssen am sogenannten Hasen-strick, einem kleinem Felsgrat im Westen des Gipfels, die Skier getragen werden.

Aufstieg über Bühlenalpe Vom Parkplatz nach Osten quer über einen Graben auf die folgenden Wiesenflächen. Immer auf dem Fahrweg fast eben nach Eggatsberg-Vorsäß und um den Bergrücken herum zur Unteren Falzalpe. Nun nach Süden auf die buschbestandene Steilstufe zu. In der Mitte durch eine Ein-buchtung 60 Hm steil auf die folgenden Hänge und nach rechts zur Bühlenalpe. Diagonal – also genau nach Westen – über die bald wieder sehr steilen Hänge und Mulden auf einen kleinen

Absatz unter dem Südostgrat bereits in Gipfelnähe. Über die kleine Stufe auf den Grat und zum Kreuz.

Abfahrt Längs der Aufstiegsspur bis unter die Buschwerk-Steilstufe und etwas nach links zur Oberen Falzalpe. Um sich nun den langen, flachen Marsch zu sparen, von der Alpe etwa 40 Hm (es lohnt sich, die Felle zu benützen) schräg nach Norden empor, um zwei Geländekanten herum, dann schräg links über die freien Hänge hinab zum Graben unmittelbar vor Schetteregg.

Bullerschkopf (1761 m)

Sehr steile Nordhänge

Touren-Steckbrief

Aufstiegszeit: Knapp 2 1/2 Std. ab Schetteregg.
Abfahrt: 700 Hm über zwischendurch sehr steile Nordhänge und über weite, sanfte Alpflächen.
Lawinengefahr: Allerbeste Verhältnisse notwendig (extrem steiles Grasgelände!).
Himmelsrichtung: Fast rein nordseitig.
Gipfelaufbau: Mit Skiern bis auf den weiten Gipfel.
Stützpunkt: Unterwegs keiner, Gasthäuser in Schetteregg.
Ausgangspunkt: Von Egg oder Lingenau nach Großdorf und auf kleiner, aber ordentlicher Straße nach Schetteregg-Amagmach (1060 m, Pistengebiet).

Im Kamm, der von der alles überragenden Winterstaude nach Osten zieht, stellt ein auffallend breiter, abgerundeter Gipfel, der Bullerschkopf. Seine Nordseite zeigt das für die Region typische Bild: Die meist äußerst steilen Hänge sind von Gras und hohem Buschwerk bedeckt.

Die Tour Früher unternahm man derartige Touren ausschließlich bei stabilem Firn, doch heute findet man vor allem an kalten Hochwintertagen mit Pulverschnee die Bullersch-Nordhänge mit Spuren verziert. Doch zweierlei muß unbedingt erfüllt sein: absolut sichere Verhältnisse und eine hohe Schneelage, die das Buschwerk verschwinden läßt.

Aufstieg über Isewartalpe Vom Schetteregg nach Osten quer über einen Graben auf die freien Wiesenflächen. Immer auf dem Fahrweg fast eben nach Eggatsberg-Vorsäß und um den Bergrücken herum zur Unteren Falzalpe. Talein in den inneren Boden, dann am bequemsten auf dem Alpweg schräg links durch eine kurze Waldzone zur Isewartalpe. Erst gerade aufwärts, dann sich links haltend über den äußerst steilen Hang zum Nordostrücken und auf den Gipfel.

Abfahrt Längs der Aufstiegsspur bis zum »inneren Boden« und nach links zur Oberen Falzalpe. Um sich nun den langen, flachen Marsch zu sparen, geht man von der Alpe etwa 40 Hm (es lohnt sich, die Felle zu benützen) schräg nach Norden empor, um zwei Geländekanten herum, dann schräg links über die freien Hänge hinab zum Graben unmittelbar vor Schetteregg.

Die steilen Nordhänge des Bullerschkopfs bei der Winterstaude.

Sienspitze (1600 m)

Einsames Ziel bei Schönenbach

Touren-Steckbrief

Aufstiegszeit: 3 1/2 Std. von Bizau.

Abfahrt: 900 Hm, schöne freie Alpflächen, dann 4 km langes Waldtal.

Lawinengefahr: Bei geschickter Wegführung wenig gefährdet.

Himmelsrichtung: Südseitig, dann enges, nach Westen geöffnetes Tal.

Gipfelaufbau: Mit Skiern bis auf den Gipfel.

Stützpunkt: Unterwegs keiner, Gasthaus in Schönenbach auch im Winter zeitweise geöffnet (Loipe von Sibratsgfäll).

Ausgangspunkt: Im mittleren Bregenzerwald nach Bizau und im Ort ganz nach Osten zur Straßenverzweigung. Hier links, bald danach einige wenige Parkmöglichkeiten (700 m).

Südlich der Winterstaude zieht ein ganz schmaler, aber 6 km langer Grat von Westen nach Osten, Hinteregger genannt. Dessen »hinterster« Gipfel heißt Sienspitze oder auch Sihaspitze – ein Berg mit zwei Gesichtern: unscheinbar im Süden und mit senkrechten Wänden abfallend auf der anderen Seite.

Die Tour Hier findet man eine ausgesprochene Individualistentour, bei der man meist keinem Menschen begegnet. Auch sie hat »zwei Gesichter«. Erst wandert man gut eine Stunde durch ein enges Waldtal, dann folgen herrlich freie, allerdings südseitige Alpflächen. Deshalb schafft ein kalter Hochwintertag nach Neuschneefällen die günstigsten Bedingungen.

Aufstieg Auf der meist auch im Winter geräumten, ganz schmalen Straße im engen Waldtal geht es etwa 4 km meist deutlich steigend Richtung Schönenbach-Vorsäß. An Löffelau

*Von Westen wirkt der Hohe Ifen besonders eindrucksvoll.
Das Foto entstand beim Aufstieg zur Sienspitze.*

mit seiner Kapelle vorbei und noch 700 m bis zu einer Abzweigung (reichlich 1 Std.). Nun auf dem Alpweg aus dem Tal ganz rasch hinauf zu den freien Weideflächen von Sifratshütten-Vorsäß. In schönem Gelände gerade empor, bis es möglich ist, schräg nach rechts ins Gebiet der Unteren Hintereggeralpe zu kommen. Etwas rechts ausholend über die folgende Stufe und auf den Westgrat der Sienspitze zu. In der Südseite bleibend über eine Lichtung nach rechts und zwischen mächtigen Fichten auf den Gipfel.

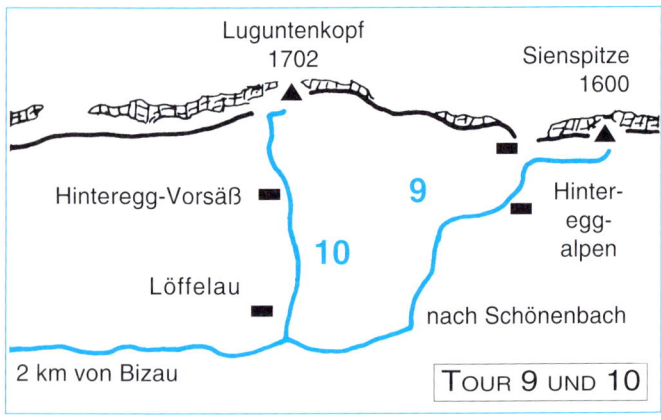

Der höchste Gipfel des Hintereggs Luguntenkopf (1702 m)  heißt Luguntenkopf. Er fällt nach Süden mit sehr steilen Graspleisen ab, die nur im Südwesten etwas sanfter sind. Bei ganz sicherem Firn bieten sie eine reizvolle Abfahrt für Könner. Die Route: Von der Löffelau immer gerade über die Weidehänge hinauf nach Hinteregg-Vorderteil-Vorsäß. Von dort gerade nach Norden durch eine 200-Hm-Steilmulde zum Westgrat und über ihn auf den Gipfel (gut 3 Std. Aufstieg, 1000 Hm Abfahrt, davon 730 Hm freie, steile Südhänge, dann Fahrweg im Tal).

Hochblanken (2068 m)

Überraschungsroute von Norden

Touren-Steckbrief

Aufstiegszeit: 2 1/4 Std. vom Lift aus.
Abfahrt: 1450 Hm, freie Wiesen und Alpmatten, zwei anspruchsvolleren Stufen, zudem 700 Hm Piste.
Lawinengefahr: Sichere Verhältnisse sind Voraussetzung!
Himmelsrichtung: Nord- und westseitige Mulden und Hänge.
Gipfelaufbau: Letztes Stück äußerst steil.
Stützpunkt: Unterwegs keiner.
Ausgangspunkt: Mellau (688 m), stattlicher Ort im mittleren Bregenzerwald mit schönem Pistengebiet. Auf der Bundesstraße bis in Höhe der Kirche, hier rechts über die Ache, dann wieder links und hinein zur Talstation der Bergbahn.

Der zweithöchste Gipfel im Bereich der so auffallenden Damülser Mittagspitze heißt Hochblanken. Nach Norden stürzt der Kamm mit Steilhängen ab, die reichlich mit Felsfluhen durchsetzt sind. In der gesamten Mauer gibt es nur die eine Bresche am Hochblanken, die eine Tiefschneeabfahrt erlaubt.

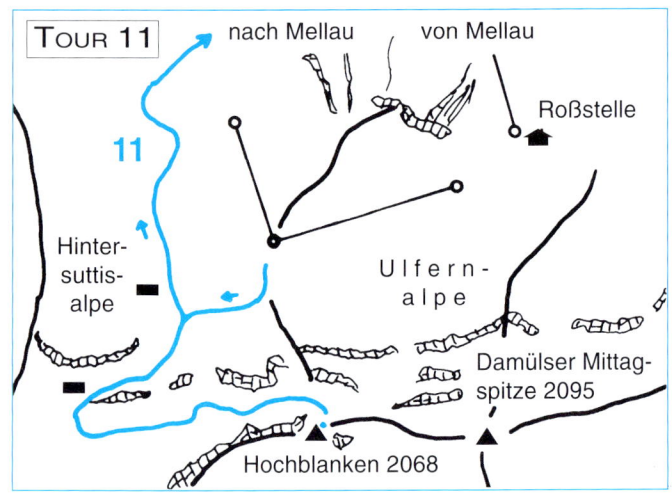

TOUR 11

nach Mellau   von Mellau

11

Roßstelle

Hinter-
suttis-
alpe

U l f e r n -
a l p e

Damülser Mittag-
spitze 2095

Hochblanken 2068

Die Tour Die Mellauer Lifte erschließen schöne Alpflächen
auf halber Höhe. Darüber ragt mächtig der Hochblanken auf,
der sich – man mag es kaum glauben – von dort aus mit Skiern
auf versteckter Route besteigen läßt und sogar eine reizvolle
Abfahrt bietet. Sehr steile Grashänge erfordern allerdings unbedingt sicheren Schnee. Und der Gipfel selbst ist reichlich steil,
die einfachste Stelle dort oben zudem nordostseitig und deshalb verstärkt gefährlich.

Aufstieg über die Galtsuttisalpe Mit der Seilbahn zur Roßstelle und dem Wildgunten-Doppelschlepplift zu dessen Bergstation in 1690 m Höhe. Nun am besten zwischen den Bäumen
erst kurz nach Süden, dann Abfahrt über schöne Hänge zum
Alpweg etwas südlich der Hintersuttisalpe. Auf dem Weg nach
Süden über einen Graben und dann quer – teilweise kaum steigend – durch die kurzzeitig recht steilen Hänge zur Freuden-
bergalpe. Auf dem Weg über die folgende Stufe und knapp vor
der Galtsuttisalpe nach links. Durch eine schöne Mulde bis in
etwa 1740 m Höhe, dann links auf den Rücken, den man etwa
80 Hm später (nicht zu hoch!) wiederum nach links in eine Mulde

verläßt, die nördlich unter dem felsigen Grat eingelagert ist. Diagonal über den folgenden Hang zur Nordabdachung, gerade empor und schließlich zu Fuß recht steil zum Gipfel (oder von der Abdachung hinüber zum Ostgrat und über ihn zum Gipfel – ebenfalls zu Fuß und anspruchsvoll).

Abfahrt Von der Hintersuttisalpe etwa dem Weg folgend nach Norden zur Piste und auf ihr hinab nach Mellau.

Bei der Hintersuttisalpe an der Abfahrt vom Hochblanken nach Mellau.

12 Liggstein (1592 m)

Aussichtskanzel mit versteckter Skiroute

Touren-Steckbrief

Aufstiegszeit: 2 1/2 Std. von Rehmen.

Abfahrt: 770 Hm mit einer flachen Mulde, einem Durchschlupf in steilem Wald und 550 Hm über ganz freie Wiesen, die allerdings rasch ausapern.

Lawinengefahr: Allenfalls bei extremen Bedingungen.

Himmelsrichtung: Weitgehend südseitig.

Gipfelaufbau: Mit Skiern bis auf den Liggstein.

Stützpunkt: Unterwegs keiner, Gasthöfe in Rehmen.

Ausgangspunkt: Im Bregenzerwald nach Au und knapp 3 km später links ab nach Rehmen (824 m, schlechte Parkmöglichkeiten).

Wer Mittagsfluh (1637 m) und Liggstein, deren nordwestlichen Vorgipfel, vom Tal aus etwa bei Schnepfau sieht, wird eher an Klettern als an Skifahren denken. Die hellen, glatten Wände dort oben gehören zum Steilsten im Bregenzerwald! Auch von der Aufstiegsseite, also aus dem Talkessel von Au, imponiert das Massiv mit sehr schroffen Flanken und ganz auffallenden Plattenschüssen.

Die Tour   Nur bei zwei Dritteln der Tour handelt es sich hier um schönes, nahezu freies, sehr zügiges Gelände; was oberhalb folgt, ist dann eher eine Bergtour mit Überraschungen. Eine 120-Hm-Waldstufe verlangt etwas alpines Können, dann kommt man zu einer Alpe, die wirklich auf einer »verwunschenen« Lichtung liegt. Den Abschluß bildet ein flacher Bummel durch Mulden zum Liggstein, dieser einzigartigen Aussichtskanzel über senkrechten Abbrüchen.

Aufstieg Von der Kirche in Rehmen kurz auf dem linken, oberen Sträßchen, dann zwischen den letzten Häusern über die Wiese gerade aufwärts, anschließend wieder auf dem Sträßchen bis vor einen Bach. Erneut über die Wiesen zu einem einzeln stehenden Hof. Knapp links an ihm vorbei und durch die Wiesenmulde dahinter schräg rechts aufwärts. Halblinks, teilweise zwischen Stangenholz, über die folgende Stufe und in sehr schönem Gelände weiter empor. Zwischen den Häusern von Berbigen beliebig empor, schließlich steiler in den linken, oberen Winkel der freien Fläche. Zwischen mächtigen Fichten in einer nur schwach ausgeprägten Mulde sehr steil hinauf zur Geländekante und links durch eine kleine Lichtung in einen Sattel; wenige Meter darunter liegt versteckt die Obere Sattelalpe. Bei sicherem Schnee leicht steigend am Nordhang der Mittagsfluh entlang, sonst mit etwas Höhenverlust durch die freie Hochmulde selbst ganz nach Westen und zwischen einzelnen Bäumen flach hinaus zum Liggstein.

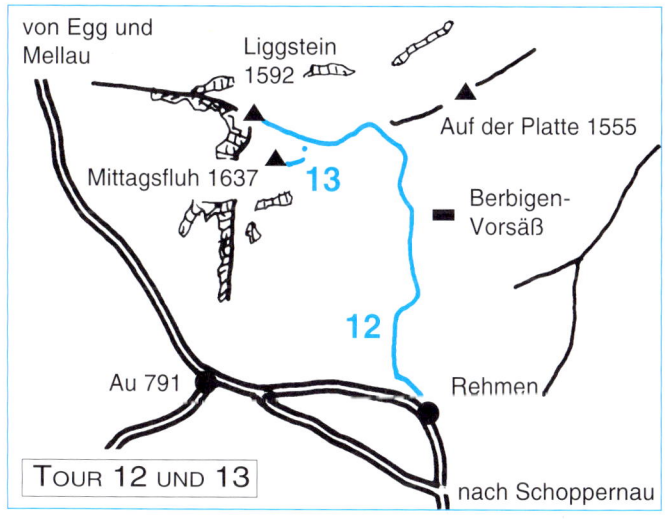

von Egg und Mellau

Liggstein 1592

Auf der Platte 1555

Mittagsfluh 1637

13

Berbigen-Vorsäß

12

Au 791

Rehmen

TOUR 12 UND 13

nach Schoppernau

Mittagsfluh (1637m) Bergsteiger wollen vielleicht die Mittagsfluh, den höchsten Gipfel dieses ganz isolierten Bergmassivs, besteigen. Dies ist anspruchsvoll, für Erfahrene jedoch möglich. Die Route: Von der Oberen Sattelalpe zum schon erwähnten Nordhang der Mittagsfluh. Hinter einem ersten Vorsprung im Gelände durch einen bald äußerst steilen Einschnitt (in einer Rinne evtl. die Skier tragen) zum Grat und über ihn an eine kleine Felsstufe (10 m, nochmals Skier tragen), dann links des Kammes ohne weitere Probleme zum wenig ausgeprägten Gipfel.

14 Falzerkopf (1968 m)
Vorposten der Allgäuer Alpen

Touren-Steckbrief

Aufstiegzeit: Knapp 1 Std. aus dem Pistengebiet.
Abfahrt: Insgesamt 1420 Hm, davon 280 Hm auf der Piste, 530 Hm über schöne Weideflächen und schließlich 590 Hm auf Forststraßen und im Wald.
Lawinengefahr: Der Zugang vom Diedamskopf erfordert sichere Verhältnisse.
Himmelsrichtung: Weitgehend südseitig.
Gipfelaufbau: Mit Skiern bis auf den Gipfel.
Stützpunkt: Unterwegs keiner, Gasthöfe in Schoppernau.
Ausgangspunkt: Am Ortsrand von Schoppernau (852 m) links ab zum nahen Parkplatz der Diedamskopf-Bahnen.

Die Gipfel nordöstlich über Schoppernau zählen noch zu den Allgäuer Alpen. Von Süden wirken sie wie runde Köpfe, die im oberen Teil meist makellos weiß aussehen, tiefer unten jedoch einen Waldmantel tragen. Der letzte Gipfel im Westen ist der Falzerkopf.

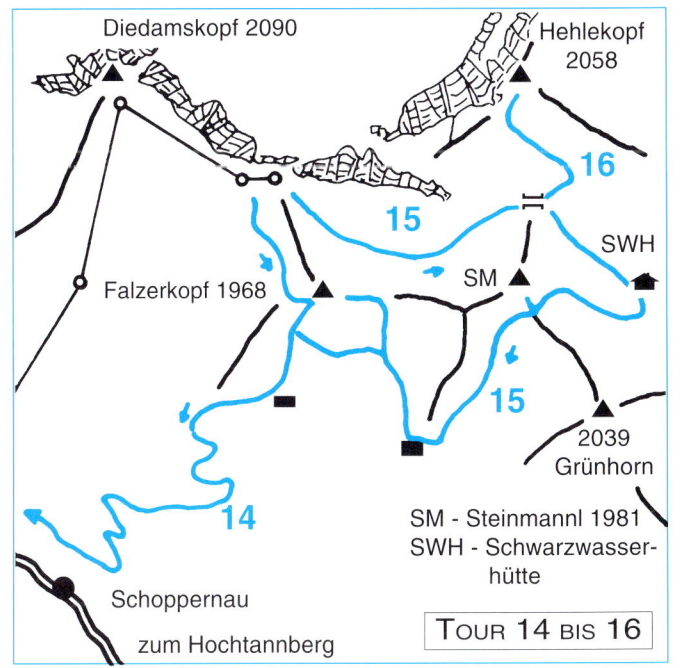

Diedamskopf 2090

Hehlekopf 2058

16

15

Falzerkopf 1968

SM

SWH

15

2039
Grünhorn

14

Schoppernau

zum Hochtannberg

SM - Steinmannl 1981
SWH - Schwarzwasser-
hütte

TOUR 14 BIS 16

Die Tour Wenig Aufstieg und viel Abfahrt sind die Marken-
zeichen dieser Route. Die Lifte am benachbarten Diedamskopf
nehmen einem den Hauptteil der Aufstiegsmühen ab. Wegen
der Südlage sollte man stark auf die Verhältnisse achten. Nur an
kalten Hochwintertagen kann man hier Pulverschnee finden,
sonst sollte man besser auf Firn warten.

Zugang vom Liftgebiet her Mit der zweiteiligen Diedams-
kopfbahn zur Bergstation (2000 m) und auf der Schlepplift-Piste
hinab zum Nordwestfuß des Falzerkopfs. In dessen Westflanke
ist ein auffallendes Hochkar eingelagert, das man nach kurzem
Anstieg erreicht. Von dort über den rechten Grat in einem Bogen
steil auf den Gipfel.

Abfahrt nach Süden   Kurz auf dem Grat zurück, dann über den sehr schönen Südsüdwesthang hinab Richtung Falzalpe. Schon ein Stück oberhalb der Hütte mehr nach rechts zum Waldrand. Durch eine Gasse zur nächsttieferen Lichtung. Von deren unterem Ende nach rechts zur Stockendenbodenalpe (1433 m). Nun stets dem Fahrweg folgend in langen Kehren durch den Wald hinab zum Waldrand unmittelbar über den Häusern von Schoppernau. Dort hält man sich rechts, um wieder die Lift-Talstation zu erreichen.

Blick vom Falzerkopf (nahe dem Diedamskopf bei Schoppernau) nach Osten zum Steinmannl (links); im Hintergrund die Trettachspitze.

Steinmannl (1981 m)

Rundtour mit Schwarzwasserhütte und Falzerkopf

Touren-Steckbrief

Aufstiegszeiten: Insgesamt reichlich 2 Std.
Abfahrt: Alles zusammengerechnet 1900 Hm, Hänge der verschiedensten Arten.
Lawinengefahr: Nicht bei Schneebrettgefahr!
Himmelsrichtung: Meist südseitig.
Gipfelaufbau: Mit Skiern bis auf beide Gipfel.
Stützpunkt: Schwarzwasserhütte (1628 m), DAV, 70 Schlafplätze, Tel. 06643/412457.
Ausgangspunkt: Am Ortsrand von Schoppernau (852 m) im inneren Bregenzerwald links ab zum nahen Parkplatz der Diedamskopf-Bahnen.

In dem Kamm, in dem der Falzerkopf steht (siehe Route 14), ragt als übernächster Berg im Osten das Steinmannl auf, das nach Norden vorspringt und deshalb aus dem hinteren Bregenzerwald nicht zu sehen ist. Auch an diesem Gipfel findet man ideale Skihänge.

Die Tour Nehmen die Lifte den Tourenfahrern gut 1000 m Aufstieg ab, dann läßt sich ohne allzu große Mühe die stattliche Abfahrtshöhe von 1900 m erreichen. Allerdings ist der Zugang in das Gebiet der Schwarzwasserhütte etwas umständlich. Übernachtet man in diesem Alpenvereins-Stützpunkt, dann lassen sich zwei weitere Berge auf das Programm setzen: Hehlekopf (2058 m, siehe Tour 16) und Grünhorn (2039 m).

Zugang zum Steinmannl Von Schoppernau mit den Bahnen zur Bergstation in 2000 m Höhe auf dem Diedamskopf. Abfahrt auf der Piste zur Talstation des Plateaulifts und mit dem kleinen Breitenalplift auf die Nordwestgratschulter des Falzerkopfs. Nun im Tiefschneegelände drüben über eine kleine Stufe hinab, dann ganz sanfte Abfahrt nach Osten über die Böden und kurzer Gegenanstieg in den Gerachsattel (1752 m). Immer etwas nach rechts über Böden gemütlich abwärts, bis man die Schwarzwasserhütte sieht. Nun nach Süden auf den Ostrücken des Steinmannls. Über ihn empor bis zum Beginn des Steilgeländes. Jetzt links des Rückens durch eine steile Mulde bis knapp unter den Grat. Schon vor ihm wieder links und auf Abdachungen durch die Flanke auf den alleroberersten Südostgrat und noch wenige Meter zum Gipfel.

Zum Falzerkopf und Abfahrt

Vom Steinmannl ganz kurz über den Südostgrat hinab, dann rechts schräg durch die Hänge in die Mulde unter dem Kreuzmannl. Sich an die rechten Hänge haltend zu einem auffallenden Absatz im Gelände und weiter etwas nach rechts hinab zur Neuhornbachalpe (1620 m). Nun gleich durch die erste Mulde wieder nach Norden empor in das weite Becken zwischen Kreuzmannl und Falzerkopf (1968 m). Steil in den trennenden Sattel und über den Grat auf den Gipfel des letzteren. Oder fast eben quer durch das Becken, nach links um den Südrücken und von Südsüdwest auf den Falzerkopf (sicherer). Abfahrt nach Schoppernau wie bei Tour 14.

Hehlekopf (2058 m)

Bei einer Übernachtung in der Schwarzwasserhütte wird man auf jeden Fall diesen schönen Skiberg mit seinen makellosen Südhängen mit ins Programm nehmen. Die Route: Vom Gerachsattel ein paar Minuten auf einem Rücken nach Nordosten, dann gerade über die Hänge aufwärts, schließlich mehr nach links und unter dem Gipfel hindurch auf den obersten Südwestgrat. Über ihn zum höchsten Punkt. 1 Std. Aufstieg, 300 Hm Südabfahrt, mittelsteil, makellos und einfach.

Güntlespitze (2092 m)

Beliebter Skiberg mit hindernislosen Hängen

Dieser stets herrlich weiße Berg steht im Kamm zwischen Bregenzerwald und Kleinwalsertal, das politisch ja ebenfalls zu Vorarlberg gehört, sich aber nur aus dem Oberallgäu erreichen läßt. Wir haben die Region in dem Band »Skitouren Allgäu« ausführlich vorgestellt. Hier soll nur dieses eine Ziel als eine Art Anregung angeboten werden; in Wirklichkeit findet man über diesem Tal ein gutes Dutzend reizvoller Möglichkeiten.

Die Tour Makellose Hänge sind das Auffallende dieser Routen, die beide ganz im typischen Steilgrasgelände verlaufen. Die Hänge und Talflanken verheißen jedoch nicht nur Skifreuden, sie bilden auch den »besten« Untergrund für Lawinen jeder Art. Man sollte also wirklich stabilen Pulverschnee abwarten oder in der Firnschneezeit dort unterwegs sein und dann, wegen der Ostseite, möglichst früh am Morgen aufbrechen.

Aufstieg durch das Derrental Vom Parkplatz auf der Loipe nach Westen zur nahen Bachverzweigung und nach links auf dem Fahrweg ins Derrental. Vom Wegende halblinks 100 Hm empor, dann immer auf schwach ausgeprägten Absätzen quer durch die Hänge talein und in 1800 m Höhe sogar noch unter der Güntlespitze hindurch nach rechts zu den sanften Mulden vor der Derrenalpe. Gerade empor in eine versteckte Mulde nördlich des Berges. Über einen steilen Hang, schließlich auf die linke Kante und die letzten Meter in jähem Gelände zu Fuß auf den Gipfel. Manchmal werden auch die äußerst steilen Osthänge direkt ins Derrental befahren.

Aufstieg über die Spitalalpe Dies ist eine sehr steile, aber auch besonders zügige Variante: Wie beschrieben ins Derrental, das sich in 1378 m Höhe gabelt. Kurz vor der Verzweigung den Derrenbach überqueren und über einen sehr steilen Hang zur Unteren Spitalalpe hinauf. Im Hochtal nach Westen bis in 1760 m Höhe, dann von rechts nach links – wie der Sommerweg – zum Kreuz auf der Schulter nahe der Derrenalpe. Jenseits des Grates, wieder nach Westen, in die erwähnte »versteckte Mulde«.

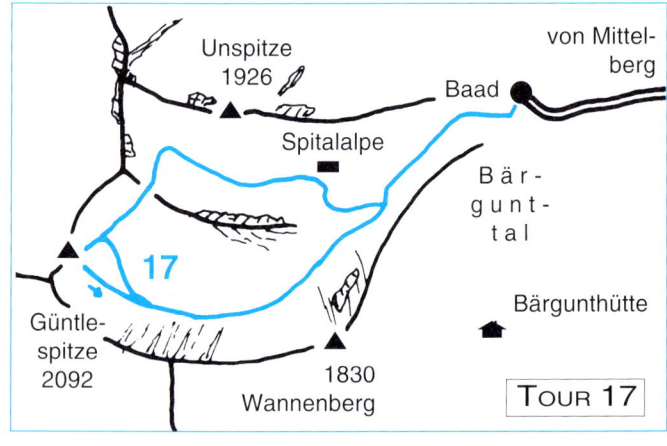

Toblermannskopf
(2010 m) Alpweiden und Wiesen zum Schwelgen

Touren-Steckbrief

Aufstiegszeit: 3 1/2 Std.
Abfahrt: 1110 Hm, eine lange Folge meist freier Flächen, kräftig geneigt ohne Flachstellen, schmale Passage am Schluß.
Lawinengefahr: Bei geschickter Routenführung nur mäßig gefährdet.
Himmelsrichtung: Nord- bis südostseitig.
Gipfelaufbau: Mit Skiern fast bis zum Gipfel.
Stützpunkt: Unterwegs keiner, nächste Gasthäuser in Schoppernau.
Ausgangspunkt: Durch den Bregenzerwald nach Schoppernau und dann noch etwa 2 km weiter Richtung Schröcken zum E-Werk 300 m nach einem ersten Tunnel; kleiner Parkplatz (880 m).

Der stark gegliederten, teilweise von wilden Felsbergen beherrschten Gruppe der Hohen Künzel im Lechquellengebirge ist im Norden noch ein auffallend runder Berg vorgelagert, der Toblermannskopf oder Toblermann, wie ihn die Tiefschneefreunde liebevoll nennen. Der stark verwitternde Flysch sorgt für die abgerundete Form.

Die Tour Wer von Schoppernau aus die bewaldeten und von Rinnen zerfurchten Nordhänge des Toblermanns sieht, ahnt wohl nicht, daß sich darüber und dahinter eines der schönsten Skiziele der Region mit einer fast hindernislosen, sehr zügigen Abfahrt verbirgt. Wegen der versteckten Lage war diese Tour lange ein Geheimtip, doch inzwischen gibt es dort viele Liebhaber. So ist es am Sonntag oft schwierig, das Auto zu parken.

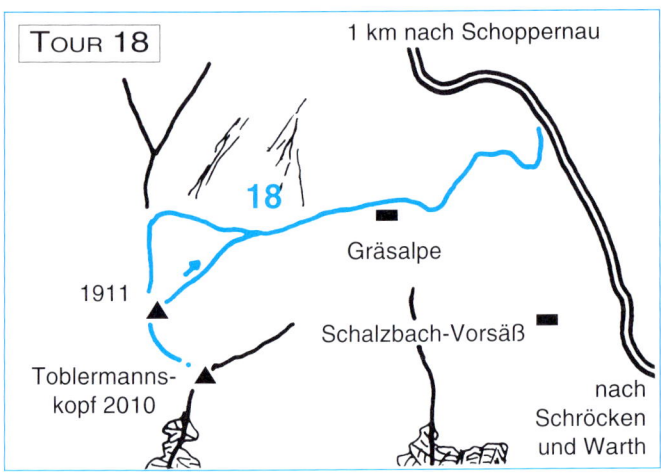

Tour 18

1 km nach Schoppernau

18

Gräsalpe

1911

Schalzbach-Vorsäß

Toblermanns-
kopf 2010

nach
Schröcken
und Warth

Aufstieg über die Hochalpe Auf einem Alpweg etwa 100 Hm über eine bewachsene Steilstufe zum Beginn der freien Hänge. Kurz empor, dann am besten auf dem Sommerweg bis hinter einen Bacheinschnitt und anschließend – sich immer etwas links haltend – über die Hänge zur Gräsalpe. Geradeaus auf einen runden Kopf, kurz nach links über einen Bach, dann wieder in der vorherigen Richtung durch eine Schneise auf die freien, oberen Hänge. Stets schräg rechts auf deutlicher Rampe hinaus zum weiten Nordrücken der Hochalpe und über ihn auf einen ersten Gratkopf (1911 m). Auf der Schneide, die einen weiten Bogen beschreibt, zum Vorgipfel und meist ohne Skier auf den höchsten Punkt. Sehr eindrucksvoller Blick auf die Fels-berge im Süden.

Abfahrt Bei ganz sicherem Schnee werden ab Punkt 1911 oft die makellosen, aber sehr steilen Nordosthänge Richtung Schneise befahren.

Brendler Lug (1770 m)

Skibergfahrt für jedermann

Touren-Steckbrief

Aufstiegszeit: 2 3/4 Std.

Abfahrt: 950 Hm, sehr zügige Strecke über Alpweiden, Wald-schneisen und Forstwege.

Lawinengefahr: Lawinenstrich im Wald, sonst bei entsprechender Routenführung keine Gefährdung.

Himmelsrichtung: Ost- bis nordseitig.

Gipfelaufbau: Mit Skiern bis auf den runden Gipfel.

Stützpunkt: Unterwegs keiner.

Ausgangspunkt: Bei der Kirche von Au Richtung Damüls abzweigen, doch dann gleich nach der kurzen Stufe links und zwischen den Häusern von Argenau (820 m) zum kleinen Lift.

Über Au und Argenau verstellt im Süden ein breiter, steiler, scheinbar ganz von Wald überzogener Berg den Blick. Das sind die Abhänge des wenig bedeutenden Brendler Lug, der nördlichsten Kuppe im langgestreckten Annalpergrat.

Die Tour Dieser unauffällige Berg wartet mit einer erstaunlich schönen Skiroute auf. Wegen des geschützten Geländes läßt sich diese Tour bei fast allen Bedingungen unternehmen. Auch wenig Erfahrene können hier ausprobieren, ob sie Spaß an einer Skibergfahrt haben.

Aufstieg von Norden Im Liftbereich über die sanften Wiesenflächen empor zum Waldrand, wo man links der Bergstation auf eine Forststraße trifft. Auf ihr nach links über einen Graben und über erste Lichtungen zu den Weideflächen der Goldlachenalpe. Nun entweder immer gerade aufwärts über Matten und durch Schneisen bis zum Kamm. Oder – bequemer – ab 1300 m Höhe wieder auf dem Fahrweg östlich um einen Kopf

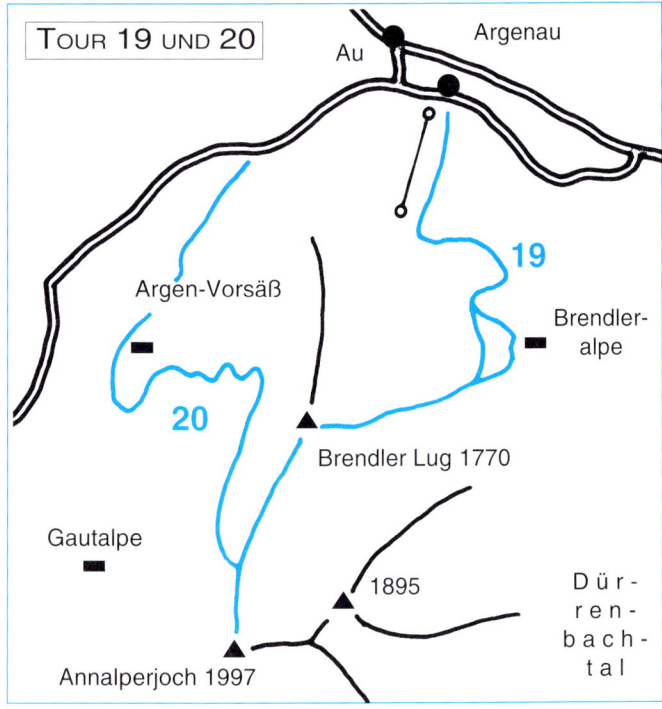

TOUR 19 UND 20

Argenau

Au

Argen-Vorsäß

19

Brendler-
alpe

20

Brendler Lug 1770

Gautalpe

1895

D ü r -
r e n -
b a c h -
t a l

Annalperjoch 1997

zur Brendleralpe und von dort zum Kamm. Über den bequemen Rücken zwischen einzelnen Wetterfichten nach Westen zum Kreuz auf der höchsten Kuppe.

Annalperjoch (1997 m) 20

Grattour hoch über den Tälern

Touren-Steckbrief

Aufstiegszeit: 3 3/4 Std.

Abfahrt: 1130 Hm, gut befahrbarer Grat, dann wie beim Brendler Lug.

Lawinengefahr: Lawinenstrich im Wald, sonst bei entsprechender Routenführung keine Gefährdung.

Himmelsrichtung: Ost- bis nordseitig.

Gipfelaufbau: Mit Skiern bis auf den Gipfel.

Stützpunkt: Unterwegs keiner.

Ausgangspunkt: Bei der Kirche von Au Richtung Damüls abzweigen, doch dann gleich nach der kurzen Stufe links und zwischen den Häusern von Argenau (820 m) zum kleinen Lift.

Vom Brendler Lug zieht der Grat fast genau nach Süden. Er trägt anfangs einige Grasköpfe – den ersten davon bezeichnet man als Annalperjoch. Dann wird der Kamm recht schroff; so bricht der Annalperstecken (2124 m) mit fast senkrechter Wand ganz auffallend nach Nordosten ab, und der Zitterklapfen (2406 m) ist der beherrschende Felsberg in diesem Abschnitt des Lechquellengebirges.

Die Tour Nicht wegen der Skiabfahrt wandert man vom Brendler Lug hinüber und hinauf zum Annalperjoch, sondern aus Freude an einer Grattour so hoch über den Tälern, aus Spaß an den schönen Ausblicken und dem Stolz, einen auffallenden Gipfel zu besteigen. Da das Ungewöhnliche und extrem Steile heute von manchen besonders geschätzt wird, wollen wir hier auch eine Nordwestroute kurz skizzieren.

Aufstieg vom Lug Vom Brendler Lug in weiträumigem Gelände nur wenig abwärts in eine weite Senke, dann über einen gleichmäßigen Rücken auf eine Schulter, schließlich über einen steilen Aufschwung zum Gipfel. Dieser stark den Winden ausgesetzte Grat ist häufig abgeblasen.

Aufstieg über St. Maria Wie bei der Kanisfluh (Tour 21) beschrieben zur Argenbachbrücke. Unmittelbar davor zweigt nach Süden ein schmales Sträßchen ab. Auf ihm erst am Bach entlang, dann in sehr steilem, teilweise felsdurchsetztem Wald in Kehren empor zu den ersten freien Flächen (hohe Schneelage wichtig). Am besten weiterhin auf dem Fahrweg bis vor einen Graben, dann steil hinauf zu den vielen Hütten von Argen-Vorsäß und der Kapelle St. Maria. Von dort in die linke obere Ecke der Weideflächen und – wie der Sommerweg – durch kurze Waldstücke und über Lichtungen bis in 1600 m Höhe. Nun entweder zum Grat nahe dem Brendler Lug oder weiterhin auf dem Sommerweg schräg durch die Hänge nach Süden in freies Gelände. Noch weiter nach Süden, dann an beliebiger Stelle zum Kamm und auf den Gipfel.

Blick vom Weg zur Kanisfluh auf
Annalperjoch und -kopf.

Kanisfluh (2044 m)

Wahrzeichen des Bregenzerwaldes

Touren-Steckbrief

Aufstiegszeit: 4 Std. von Argenzipfel aus.

Abfahrt: 1230 Hm, mit sehr steilem Gipfel, dann herrlichen Alpflächen, die allerdings von einem Waldstück unterbrochen werden.

Lawinengefahr: Gipfelaufbau nur bei besten Verhältnissen zu verantworten.

Himmelsrichtung: Südwestseitiger Steilhang unter dem Gipfel, für Firn geeignet, dann ostseitig.

Gipfelaufbau: Mit Skiern bis auf den Gipfel.

Stützpunkt: Unterwegs keiner, Gasthäuser in Au.

Ausgangspunkt: Von Argenzipfel Richtung Damüls über die nahe Argenbachbrücke. Unmittelbar danach Parkmöglichkeit (815 m). Weitere Gelegenheit bei der Kirche von Au (791 m); von dort rechts des Argenbachs in 20 Min. zur Argenbachbrücke.

Die gewaltige Kanisfluh beherrscht den mittleren Bregenzerwald. Das Massiv ist gut drei Kilometer breit und bricht mit einer 1000 m hohen Nordflanke ab, die auffallend mit Felsfluhen und Schneestreifen gebändert ist. Niemand würde bei diesem Anblick einen Skiberg erwarten!

Die Tour Die Abfahrt von der Kanisfluh bietet zwei fast gegensätzliche Teile: Auf einen sehr steilen, anspruchsvollen Gipfelhang folgen herrliche Flächen und Böden in Richtung Argental, die nur von einer Waldpassage unterbrochen sind. Bei Lawinengefahr am Gipfelaufbau weicht man auf einen Absatz im Klippern-Nordgrat (1730 m) aus.

Aufstieg über Gasthaus Edelweiß 150 m noch neben der Teerstraße, dann über den breiten Rücken von Vorderried stets in freiem Gelände etwa 40 Min. aufwärts. Nun nach links über den Bach auf den nächsten Geländerücken und hinauf zum Waldrand. Ein Stück zwischen den Bäumen, dann am bequemsten auf dem Alpsträßchen zum Gasthaus Edelweiß (1490 m, geschlossen). Über einen Rücken bis vor die Obernalpe und flach in den tiefsten Sattel. Erst sich etwas links haltend, dann etwa 100 Hm über die bald steile Flanke auf eine Art Rampe. Nun schräg rechts, schließlich gerade durch eine Mulde in den Hählesattel und nach rechts über den steilen Kamm (links Wächten) auf die Holenke, wie der Kanisfluh-Hauptgipfel heißt.

Ausweichziel Sind die Gipfelhänge nicht lawinensicher, steigt man von der Obernalpe in westlicher Richtung zum Kamm hinauf und folgt diesem nach Süden zum ersten, noch sanften Absatz (1730 m) im Klippern-Nordgrat, der sich bald danach als steile Schneide aufschwingt.

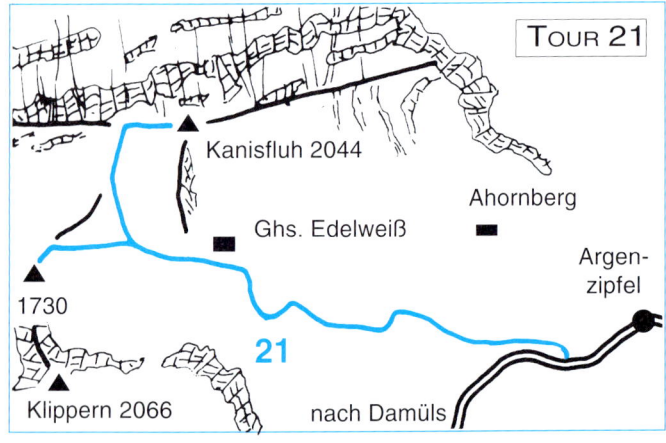

TOUR 21

Kanisfluh 2044

Ahornberg

Ghs. Edelweiß

Argenzipfel

1730

21

Klippern 2066

nach Damüls

Klippern (2066 m)

22

Felsbastion mit idealer Abfahrt

Touren-Steckbrief

Aufstiegszeit: 2 3/4 Std. von der Damülser Straße.
Abfahrt: 840 Hm, problemlos meist über Alpweiden, kaum Bäume, solange die unterste Stufe nicht zuwächst.
Lawinengefahr: Nur an dem kurzen Steilstück zum Gipfeldach.
Himmelsrichtung: Süd- und südostseitig.
Gipfelaufbau: Mit Skiern bis zum höchsten Punkt.
Stützpunkt: Unterwegs keiner, Gasthöfe in Damüls.
Ausgangspunkt: Von Au Richtung Damüls bis kurz vor das erste Haus von Damüls-Schwende. Parkplatz vor der Laubenbachbrücke (1230 m).

Südlich der Kanisfluh ragt im gleichen Kamm als ganz ungewöhnlicher Berg der Klippern auf. Auf drei Seiten bricht er mit teilweise senkrechten Felsfluhen (mit mächtigen Wächten) ab, und der Gipfel springt wie ein Schiffsbug nach Norden vor. Doch gegen Süden dacht der Berg mit einer erstaunlich sanften Fläche ab, die einen idealen Zugang auch mit Skiern erlaubt.

Die Tour   Bei Pulverschnee und bei Firn ist die relativ einfache Argenalp-Abfahrt vom Klippern sehr reizvoll, da kaum Wald die Hänge und Almwiesen unterbricht. Eine Kombination mit dem Wannenkopf (Tour 23), den man sehr rasch nach einer Liftfahrt erreicht, bringt viel Abfahrt bei wenig Aufstieg. Am Schluß kehrt man dann mit dem Bus nach Damüls zurück.

Argenalp-Aufstieg   Direkt vom Parkplatz auf dem Alpsträßchen in wenigen Minuten zu einem Schuppen. Nun gerade über den Hang und die anschließende Schneise empor auf einen Absatz. Von dort wieder auf dem Fahrweg durch einen kurzen Baumstreifen, danach sich etwas rechts haltend empor, auf dem breiten Weg nördlich um Punkt 1636 und zwischen einzelnen Bäumen hinein zur Mittelargenalpe. Kurzzeitig genau nach Norden in Richtung Gungern, dann halbrechts durch Mulden bis auf 1830 m Höhe, rechts über eine kurze Steilstufe auf das Gipfeldach und bequem zum höchsten Punkt.

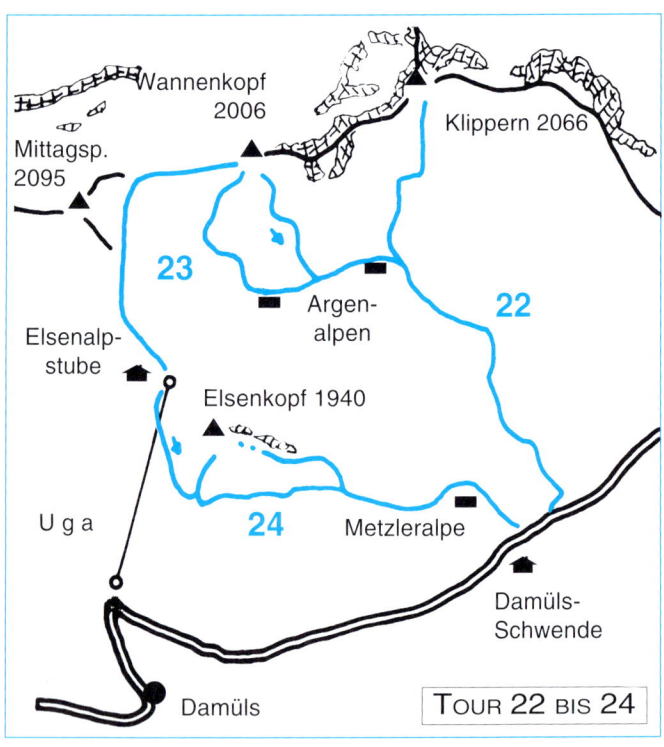

Wannenkopf (2006 m) 23

Kleiner Berg, ideale Steilhänge

Touren-Steckbrief

Aufstiegszeit: 1 Std. (mit Klippern gut 2 Std.) ab Lift.

Abfahrt: 800 Hm, mit Klippern 1200 Hm, mittelschwer, meist sehr schöne, weitgehend freie Hänge, evtl. kleiner (oder großer) Zwischenanstieg.

Lawinengefahr: Die steilen Südhänge erfordern sicheren Schnee.

Himmelsrichtung: Oben meist Südhänge, dann südostseitig.

Gipfelaufbau: Mit Skiern bis zum Gipfel.

Stützpunkt: Unterwegs keiner, Gasthöfe in Damüls.

Ausgangspunkt: Von Au im Bregenzerwald oder aus dem Großwalsertal über das Faschinajoch nach Damüls. Parkplatz bei der Talstation des »Uga-Expreß« (Vierer-Sessellift, 1365 m).

Neben der so auffallenden Damülser Mittagspitze (2095 m) wirkt der östliche Nachbar, der Wannenkopf (früher auch Hochwacht), klein und unauffällig, obwohl auch er nach Norden mit Wänden und Felsfluhen abbricht. Die Südseite hingegen besticht durch makelloses Weiß.

Die Tour   Ganz rasch erreicht man dieses sehr lohnende Ziel aus dem Damülser Pistengebiet. Die Abfahrt führt dann zu den Argenalpen, die mancher von seiner Tour zum Klippern her kennt. Hier bietet sich eine Gipfelkombination an, die bei nur zwei Stunden Aufstieg doch 1200 Hm Abfahrt beschert.

Zugang aus dem Pistengebiet   Mit dem »Uga-Expreß« zum Kamm und kurz hinab in den weiten Sattel der Ugaalpe (1783 m). Flach auf die Mittagspitze zu, dann über einen Hang zu einem

Köpfchen rechts dieses Gipfels. In 1900 m Höhe Querung der Osthänge und über eine ganz kleine Stufe ins Wannenjoch. Über den Kamm nach Osten auf den Gipfel.

Abfahrten Einfachste Strecke: erst 100 Hm nach Südwesten, dann 140 Hm nach Süden in eine kleine, auffallend runde Mulde hinab, die man in 1740 m Höhe nach links verläßt. Von dort schräg abwärts zur Hinteren Argenalpe (1660 m). Auf dem Alpweg etwa 15 Min. sanft wieder bergauf zur Mittleren Alpe (1688 m). Man kann auch weiter links abfahren (oben sehr steil): erst nach Süden, dann etwas nach links zu einem Köpfchen mitten in den Hängen und direkt zur Mittleren Argenalpe. Von dort entweder direkte Abfahrt zur Laubenbachbrücke (Tour 22; Rückfahrt nach Damüls per Bus). Oder man steigt vorher in 1 Std. noch zum Klippern empor. Eine andere Möglichkeit: Gegenanstieg (40 Min.) von der hinteren Alphütte zur Ugaalpe und damit Rückkehr ins Pistengebiet.

24 Elsenkopf (1940 m)

Unbekannter Berg steil über Damüls-Uga

Touren-Steckbrief

Aufstiegszeit: 2 1/4 Std. von Damüls-Schwende.
Abfahrt: 710 Hm über schöne, zügige Flächen, kleine Waldpassage, steile Gipfelhänge oder kurzzeitig scharfer Grat.
Lawinengefahr: Die Südroute erfordert stabilen Schnee (Firn); der Ostrücken, der sich auch für Pulver eignet, ist sicherer.
Himmelsrichtung: Süd- und ostseitige Alpflächen.
Gipfelaufbau: Mit Skiern bis zum Gipfel.
Stützpunkt: Unterwegs keiner, Gasthöfe in Damüls.
Ausgangspunkt: Von Au Richtung Damüls bis kurz vor das erste Haus von Damüls-Schwende. Parkplatz vor der Laubenbachbrücke (1230 m).

Obwohl der Elsenkopf mitten im Blickfeld der zahllosen Wintergäste von Damüls liegt, beachtet und kennt nahezu niemand diesen Berg. Zu unauffällig setzt sich das – durchaus mächtige und selbständige – Massiv aus Wald und freien Weideflächen zusammen. Faszinierend ist der Gipfelblick: Man schaut einerseits aus der Vogelperspektive auf die Pisten hinab, andrerseits gewinnt man einen idealen Überblick über alle Gipfel zwischen Klippern und Portlerhorn.

Die Tour Auf der Ostroute unterbricht nur wenig Wald die sehr schönen Wiesen und Alpweiden, der Gipfel ist allerdings steil. Bequeme erreichen das Ziel auch mit Lifthilfe.

Aufstieg von Osten Vom Parkplatz auf der Straße über die Laubenbachbrücke, dann gleich über die schönen Hänge gerade aufwärts zur Metzleralpe. Etwas rechts ausholend um ein Waldeck, bis man halblinks durch eine breite Schneise in eine weite Mulde kommt. Nun gibt es zwei Wege. Ostgrat: Durch die Mulde empor, dann zwischen einzelnen Bäumen nach rechts auf den Rücken, die Verlängerung des Elsenkopf-Ostgrates. Über ihn auf einen Vorgipfel, kurzzeitig über einen schmalen Grat, dann wieder bequemer zum Kreuz auf dem Hauptgipfel. Südroute: Aus der Mulde nach links zur obersten Hütte der Brandalpe, dann sich stets ziemlich tief haltend in freiem Gelände nach Westen unter dem Gipfel hindurch und über den stumpfen Südrücken sehr steil zum Kreuz.

Zugang aus dem Liftgebiet Mit dem »Uga-Expreß« zum Kamm (1820 m) über der Ugaalpe. Dann Abfahrt nach Süden zur nahen Elsenalpe und auf dem Alpfahrweg quer durch die Westhänge des Elsenkopfs (einzelne Bäume) zum Südrücken und hier steil zum Kreuz (Aufstieg 45 Min., sichere Verhältnisse unbedingt nötig). Abfahrt nach Osten zur Laubenbachbrücke, dann Busfahrt zurück nach Damüls-Uga.

55

25 Ragazer Blanken (2051 m)

Höhenwanderung, Tiefschnee und Piste

Touren-Steckbrief

Aufstiegszeit: 1 Std. vom Liftgebiet aus.

Abfahrt: Insgesamt 770 Hm über weite Alpmatten, mittelsteile Hänge und Pisten.

Lawinengefahr: Nicht bei starker Schneebrettgefahr!

Himmelsrichtung: Süd- und Osthänge.

Gipfelaufbau: Mit Skiern bis auf den Gipfel.

Stützpunkt: Unterwegs keiner.

Ausgangspunkt: Von Au im Bregenzerwald auf der Bergstraße 9 km nach Damüls. Bei den Verzweigungen im Tal bleibend zum Parkplatz an der Talstation des Hasenbühellifts (1440 m).

In einem Dreiviertelkreis umgeben die meist makellos weißen Gipfel den Skiort Damüls-Uga, aus denen nur die Damülser Mittagspitze (2097 m) mit ihren auffallend steilen Grasflanken herausragt. In der Mitte etwa steht der als Ziel besonders verlockende Ragazer Blanken. Das Wort »Blanken« entspricht dem hochdeutschen »Planken« und bezeichnet glatte, steile Rasenflächen.

Die Tour Dieser mühelose Gipfel begeistert vor allem an einem klaren, kalten Morgen nach Neuschneefällen. Allerdings sollte keine Schneebrettgefahr herrschen! Die herrliche, teilweise südseitige Abfahrt erreicht man bereits nach einer knappen Aufstiegsstunde.

Aufstieg Mit Hasenbühel- und Hohem-Licht-Lift auf das Hohe Licht (2007 m). Über schöne Südwesthänge 100 Hm abwärts. Nun sich stark rechts haltend in den Hängen unter dem steilen Hochblanken auf einen kleinen Rücken im Gelände und drüben hinab in ein stilles Tälchen (Quellbereich des Krumbachs), das im Süden vom Ostrücken des Ragazer Blankens begleitet wird. Steil auf diesen Rücken und über ihn bequem auf den Gipfel.

Abfahrt Über die makellosen, mäßig geneigten Hänge nach Südosten – also etwa auf das Zaferhorn zu – zur Ragazalpe. Halblinks durch eine bald ziemlich steile Mulde zu den ersten Bäumen. Dann etwas nach links ausholend über die Stufe hinab und talaus zum Parkplatz.

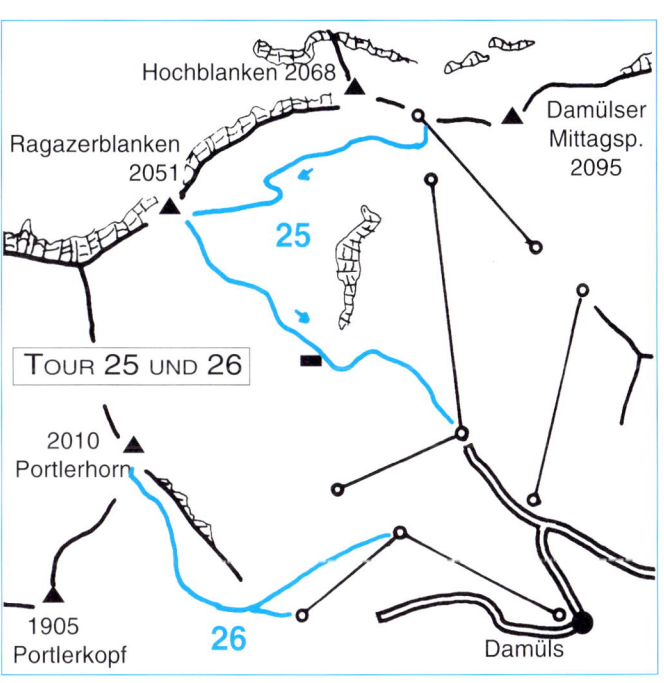

Portlerhorn (2010 m)

Breiter Schneeberg über den Damülser Pisten

Touren-Steckbrief

Aufstiegszeit: Gut 1 Std.
Abfahrt: Etwa 700 Hm Tiefschnee und Piste, kurzzeitig steil, sonst einfach, ideal bei Firn.
Lawinengefahr: Die steile Südstufe erfordert sicheren Schnee.
Himmelsrichtung: Süd- und südostseitig.
Gipfelaufbau: Mit Skiern bis fast auf den Gipfel.
Stützpunkt: Gasthäuser im Pistenbereich.
Ausgangspunkt: Von Au im Bregenzerwald auf der Bergstraße 9 km nach Damüls (1428 m). Parkplatz ein Stück oberhalb der Kirche.

Ausgerechnet das auffallend breite Massiv im Westen von Damüls wird als Horn bezeichnet. Das südostseitige Gipfeldach macht das Portlerhorn zu einem unverwechselbaren Berg. Die so weiß leuchtenden Hänge sind allerdings schräg von Steilstufen und Felsstreifen durchzogen und eignen sich deshalb nur an bestimmten Stellen für Skitouren.

Die Tour Bei Firn oder frischem Pulverschnee bildet diese Route eine ideale Kombination aus Piste und Tiefschnee, die nur wenig Mühe bereitet. Liegt schlechter Schnee in den Südhängen, weicht man auf die Ostroute aus.

Aufstieg über die Südroute Mit dem Oberdamüls-Sessellift zur Bergstation und kurze Abfahrt nach Süden in einen weiten

Damüls-Uga, darüber der Hochblanken (siehe auch Tour 11).
Nach links zieht der Kamm zum Ragazer Blanken.

Kessel (1670 m, Loipe). Aus ihm – nun im Tiefschnee – nach Westen aufwärts und um den Fuß des Portlerhorn-Südostgrates herum. Über eine 80 m hohe Steilstufe auf das Gipfeldach, nach links auf den Südwestgrat und auf einen Vorgipfel. Kurz zu Fuß zum Kreuz. Bei der Abfahrt zurück bis in den Kessel und flach quer durch die Hänge nach Damüls. Oder (viel günstiger) mit der Furka-Sesselbahn wieder empor und auf der Piste zum Ziel.

Ostroute Von der oben erwähnten Bergstation über Sunnegg (Sunnegg-Lift von Nordosten) und die Sieben Hügel an das Massiv des Portlerhorns. Durch eine ziemlich steile Mulde empor zum Nordgrat und zu Fuß über eine manchmal unangenehme Stufe auf den Gipfel.

Das Kirchdorf von Damüls mit den Hängen von Oberdamüls; über sie führt der Zugang zum Portlerhorn.

Hohe Kugel (1645 m)

Aussichtsberg hoch über dem Rhein

Touren-Steckbrief

Aufstiegszeit: 1 3/4 Std. von Ebnit.

Abfahrt: 570 Hm, steile Stufe, Alpweiden und Forststraße.

Lawinengefahr: Strecke nach Heumöser nur bei sicherem Schnee.

Himmelsrichtung: Ost- bis nordseitig.

Gipfelaufbau: Mit Skiern bis auf den Gipfel.

Stützpunkt: Emser Hütte (1280 m), Naturfreundehaus, 50 Schlafplätze.

Ausgangspunkt: Von Dornbirn 10 km auf bis zu 18 % steiler Straße durch teilweise eindrucksvolle Schluchten nach Ebnit (1075 m); bei der Kirche parken.

Seine runde Form, ein Folge des stark verwitternden Flyschs, verhalf dem Berg zu seinem Namen. Er steht im äußersten Kamm des Bregenzerwaldgebirges gegen das Rheintal zu. Man sitzt dort oben also wirklich in der ersten Reihe und genießt herrliche Fern- und Tiefblicke, etwa auf den Bodensee.

Die Tour Meist steigt man über das Fluhereck und die Emser Hütte an. Doch als Abfahrt eignet sich die Strecke über die Schneewaldalpe ungleich besser, die allerdings unter dem Grat durch recht steile Gras- und Buschwerkhänge führt.

Aufstieg über Emser Hütte Nach dem letzten Haus von Ebnit auf dem fast immer gespurten Ziehweg sehr steil durch Wald zu den folgenden Alpweiden. Rechts des Baches bleibend bequem zum Sattel Fluhereck und nach Süden zur Emser Hütte. Von dort über den sehr schönen, oben steilen Hang und zwischen einzelnen Bäumen auf den Kamm. Stets auf dem mit

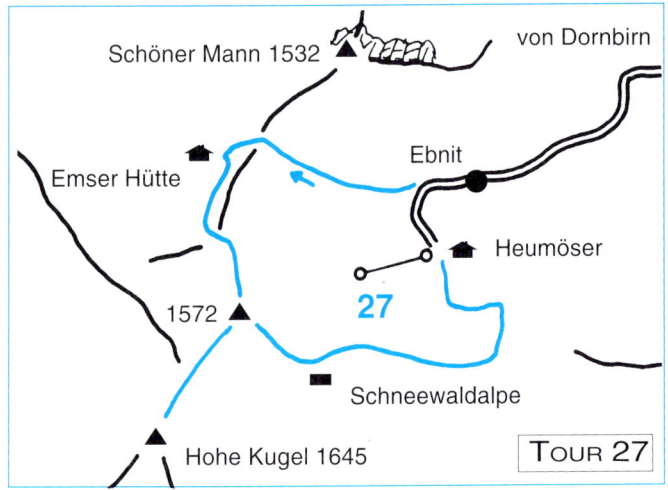

Schöner Mann 1532
von Dornbirn
Emser Hütte
Ebnit
Heumöser
1572
27
Schneewaldalpe
Hohe Kugel 1645
TOUR 27

mächtigen Fichten bestandenen Grat – über eine Schmalstelle
die Skier tragend – zum Nordwesteck (1572 m) und über eine
Zwischenkuppe auf den Gipfel.

Aufstieg über die Schneewaldalpe Von Ebnit mit dem
Auto noch 1 km zum Lift-Parkplatz Heumöser. Nun zu Fuß auf
dem Alpweg fast eben über zwei Gräben, dann im Wald zur einer
Geländekante empor. Dahinter dem Waldrand folgend bequem
aufwärts bis auf 1200 m Höhe. Nach links nur wenig steigend
bis oberhalb der Schneewaldalpe. Etwas nach links ausholend
hinauf zu einem Kreuz und steil auf einem Geländerücken mit
einigen Bäumen zum Kamm nahe dem Nordwesteck (1572 m).
Über den Grat auf eine Zwischenkuppe und weiter zum Gipfel.

Obersehrenkopf

(1770 m) Unterwegs am Dornbirner First

Touren-Steckbrief

Aufstiegszeit: 3 1/2 Std. vom Ebniter Tal aus.
Abfahrt: 1030 Hm, mit steilem 200-Hm-Gipfelhang, schönen Weideflächen und einer langgestreckten Forststraße.
Lawinengefahr: Sicherer Schnee wichtig!
Himmelsrichtung: Meist nordwestseitig.
Gipfelaufbau: Evtl. letzter Grat zu Fuß.
Ausgangspunkt: Von der Autobahnausfahrt Dornbirn-Süd durch den Südteil der Stadt und auf der Straße Richtung Ebnit (18 % Steigung) zur Verzweigung 600 m oberhalb der Brücke über die Rappenlochschlucht (730 m, wenig Parkraum). Die Straße zur Kobelhütte ist im Winter gesperrt.

Das ist schon ein faszinierender Anblick: 1400 m hoch über Dornbirn ragt ein schneeweißer Kamm in den Himmel. Er trägt den passenden Namen »First«; sein höchster Gipfel heißt Mörzelspitze (1830 m). Der Großteil dieser scheinbar idealen und makellosen Hänge ist allerdings für Skitouren zu steil.

Die Tour   Dies ist eine typische Voralpenbergfahrt mit langer Forststraße, Lichtungen, Alpweiden und einem idealen Steilhang im Gipfelbereich. Da Namen und Höhen in der Österreichischen Karte fehlen, hier eine Übersicht: die schöne Mulde südöstlich über der Obersehrenalpe ist der Obersehrenhang, der in den gleichnamigen Sattel mündet. Rechts davon steht der unauffällige Obersehren- oder Goselkopf, links zieht der Grat zum mächtigen, trapezförmigen Guntenkopf (1811 m) hinauf.

Aufstieg über Kobelalpe   Bei der Verzweigung auf der oberen Straße in den Sattel der Niedere, drüben kurz ins Tal der Kobelache hinab und gut 30 Min. zur nächsten Verzweigung. Links in einem Bogen zur Kobelalpe (972 m). Nun auf dem Alp-

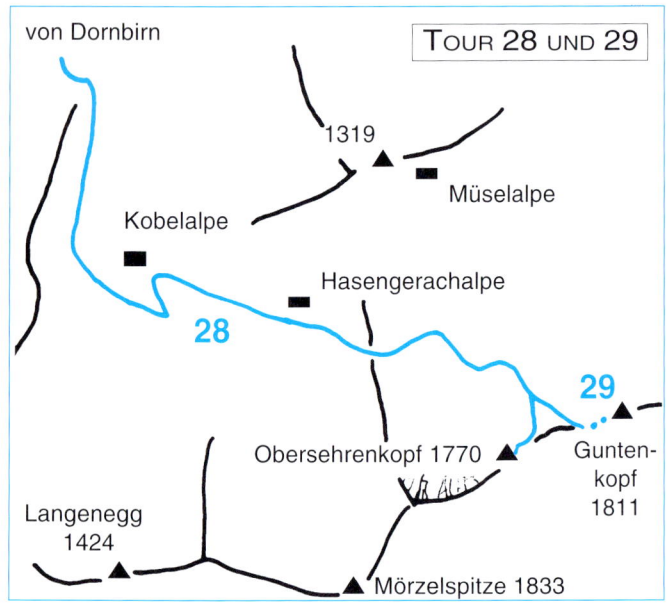

von Dornbirn

1319

Müselalpe

Kobelalpe

Hasengerachalpe

28

29

Obersehrenkopf 1770

Gunten-
kopf
1811

Langenegg
1424

Mörzelspitze 1833

weg auf einem Rücken mit Wald nach Osten zu den schönen Flächen der Hasengerachalpe. In die linke obere Ecke der Wiesen, auf dem Alpweg über einen Graben nach Osten und über kleine Lichtungen zur Obersehrenalpe am Fuß der herrlichen Guntenkopf-Nordwestmulde (Obersehrenhang). Am besten im linken Teil empor, dann etwas nach rechts in den Obersehrensattel (1730 m). Mit Skiern oder zu Fuß über den kurzen, verwächteten Grat auf den Obersehrenkopf. Abfahrt evtl. direkt über den sehr steilen Nordhang.

29 **Guntenkopf (1811 m)** Bergsteigerisch interessanter ist dieser deutlich höhere Gipfel, der von Norden die Form eines Trapezes zeigt. Vom Obersehrensattel (oder schon früher über steile Hänge) steigt man zum Westeck der langen Gipfelschneide auf. Dann folgt man zu Fuß dem scharfen Grasgrat zum höchsten Gipfel (25 Min. ab Sattel).

Hoher Freschen

(2004 m) — Hohe Warte über dem Rheintal

30

Touren-Steckbrief

Aufstiegszeit: 2 Std.
Abfahrt: 1400 Hm, davon 500 Hm Tiefschnee in stark gegliedertem Gelände, sonst Pisten.
Lawinengefahr: Sichere Verhältnisse nötig.
Himmelsrichtung: Süd- und südwestseitig.
Gipfelaufbau: Mit Skiern bis auf den Gipfel.
Stützpunkt: Gasthaus im Pistengebiet; Freschenhaus (1846 m, ÖAV), geschlossen, doch offener Winterraum.
Ausgangspunkt: Im Rheintal auf der Autobahn zur Ausfahrt Rankweil, dann über Zwischenwasser nach Innerlaterns und hinauf zur Lift-Talstation.

Der Hohe Freschen zeigt eine unverwechselbare Form: In drei Richtungen stürzen bis zu 500 m hohe, von Rinnen zerfurchte Steilflanken ab, während die Südostseite von einem weiten, nur wenig geneigten Pult gebildet wird. Von der Freschen-Aussicht schwärmten schon so viele, daß hier auf eine Wiederholung verzichtet werden kann; man sollte jedoch einen klaren Tag für diese Besteigung abwarten.

Die Tour Der berühmteste Gipfel des Bregenzerwaldgebirges findet auch zur Skitourenzeit seine Liebhaber. Durch die Lifte auf die Nob ist die Besteigung zur gemütlichen Bummeltour – allerdings mit kleinen Steilstufen – geworden. Wegen der Südlage des stark gegliederten Geländes sollte man jedoch sorgfältig auf die Verhältnisse achten, um einen schönen Schnee zu erwischen, etwa einen Firn im März oder Pulver im Hochwinter kurz nach Niederschlägen.

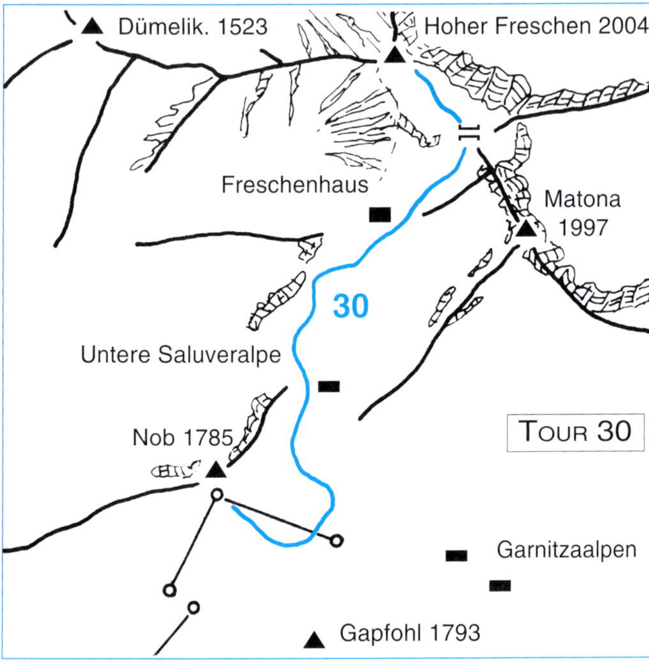

Dümelik. 1523 ▲

Hoher Freschen 2004 ▲

Freschenhaus

Matona 1997 ▲

30

Untere Saluveralpe

Nob 1785 ▲

TOUR 30

Garnitzaalpen

▲ Gapfohl 1793

Zugang von Laterns her Mit den Liften auf die Nob (1785 m) und Abfahrt auf der Piste nach Südosten bis in 1600 m Höhe. Jetzt das Pistengebiet verlassend auf dem Sommerweg links um eine Geländeecke und Querung der oberhalb sehr steilen Hänge zur Unteren Saluveralpe (1565 m). Von den Hütten kurz halblinks, dann halbrechts – wie der Sommerweg – durch eine Schneise zur Geländekante und auf einen Boden gleich darüber. Zur Oberen Saluveralpe und einer Rampe folgend zur Kapelle beim Freschenhaus. Flach hinein in den Freschensattel, über eine steile Stufe und auf dem Dach zu dem nach Nordwesten vorgeschobenen Gipfel.

Abfahrt Auf der gleichen Route. Man fährt dann im Pistengebiet mit dem Schlepper wieder auf die Nob hinauf.

Hochgerach (1985 m)

Vorposten des Walserkamms

Touren-Steckbrief

Aufstiegszeit: 2 Std. von Schnifisberg.

Abfahrt: 1320 oder 1130 Hm, im oberen Teil äußerst steiles Gelände Richtung Schnifisberg, doch sehr schöne Abfahrt nach Thüringerberg (jedoch südseitig).

Lawinengefahr: Beste Firnverhältnisse notwendig.

Himmelsrichtung: Süd- bis westseitig.

Gipfelaufbau: Mit Skiern bis knapp unter den Gipfel.

Stützpunkt: Gasthaus bei der Bahn; unterwegs keine Hütte.

Ausgangspunkt: Auf der Autobahn Feldkirch-Bludenz zur Ausfahrt Nenzing und über Gais und Röns nach Schnifis (665 m).

Der lange Bergzug, der den Walgau und das äußere Großwalsertal im Norden begleitet, wird Walserkamm genannt. Er trägt ein gutes Dutzend fast gleich hoher Gipfel, deren westlicher Eckpfeiler unser Hochgerach ist. Diese freie Warte bietet schöne Tiefblicke und ein weites Panorama mit vielen Schweizer Gipfeln.

Die Tour   Die teilweise äußerst steilen Grashänge des Walserkammes, der aus Flysch-Gestein aufgebaut ist, schauen im Winter oft verlockend weiß aus, sollten aber nur bei besten Bedingungen mit Skiern befahren werden. Firn im Februar oder März ist hier das Ideale. Von Schnifis erreicht man das Ziel dank einer kleinen Bergbahn ganz rasch. Die Route führt jedoch über so steiles Gelände, daß nur wirklich Erfahrene hier emporsteigen sollten. Sehr reizvoll und etwas einfacher ist die Strecke nach Thuringerberg.

Aufstieg über Außer-Alpila   Mit der Kabinenbahn zur Bergstation (1334 m). Nach Osten an ein paar größeren neuen Häusern vorbei zum Waldrand und auf einem Fahrweg durch die Hänge zu freien Weiden. Diagonal nach rechts aufwärts bis knapp unter die Hütten von Außer-Alpila. Oberhalb des Grabens in die freie Hochmulde am Südwestfuß des Hochgerach. Auf dem linken Hang zum nächsthöheren Boden (1650 m). Nun nach rechts auf einer schrägen Abdachung in den Steilhängen zwischen einzelnen Bäumen hinauf in eine nicht ganz so steile Mulde. Kurz vor ihrem oberen Ende nach links und auf den Südkamm. Über ihn bis kurz unter den Gipfel und zu Fuß über ein paar Steine zum Kreuz.

Abfahrt nach Thüringerberg Über den Südrücken wieder hinab, bis er eine Schulter bildet (Goppeskopf). Kurz davor von der Aufstiegsspur nach Südosten abbiegen und durch herrliche Karmulden hinab auf 1550 m Höhe, wo man etwas links des Bacheinschnitts auf die Kehre einer Alpstraße trifft. Auf ihr durch Wald abwärts zu den Wiesen von Kapiescha und in sehr schönem Gelände noch weit hinab nach Thüringerberg-Außerberg. Bus nach Schnifis.

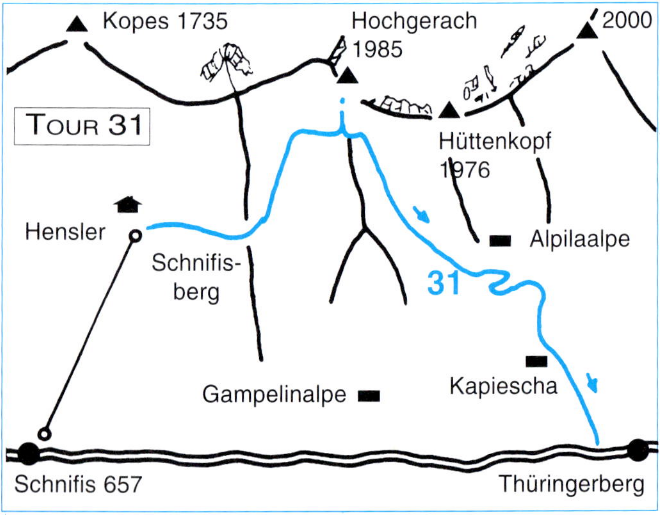

Kopes 1735 · Hochgerach 1985 · 2000

TOUR 31

Hüttenkopf 1976

Hensler · Alpilaalpe

Schnifis-berg

31

Gampelinalpe · Kapiescha

Schnifis 657 · Thüringerberg

Zaferhorn (2107 m)

Spannende Steilabfahrt nach Süden

Touren-Steckbrief

Aufstiegszeit: 3 Std. von der Straße nach Faschina.
Abfahrt: 940 Hm über meist freie Südhänge, sehr steile, 350 m hohe Gipfelflanke, am Schluß ebene Querung.
Lawinengefahr: Vor allem für zuverlässigen Firn im März und Anfang April geeignet.
Himmelsrichtung: Meist südseitig.
Gipfelaufbau: Mit Skiern bis auf den Gipfel.
Stützpunkt: Unterwegs keiner, Gasthöfe in Fontanella und Faschina.
Ausgangspunkt: Durch das gesamte Großwalsertal nach Fontanella und weiter Richtung Faschina noch knapp 1 km zur Säge (1170 m). Oder aus dem Bregenzerwald über das Faschinajoch dorthin.

Der trapezförmige Wächter östlich über dem Faschinajoch, der die Südzufahrt mit seinen Lawinen bedroht, heißt Zafer- oder Zafernhorn. Dieser Grasberg aus Flysch fällt nach drei Seiten mit äußerst steilen Pleisen ab, und doch gibt es hier eine – allerdings anspruchsvolle – Skiroute.

Die Tour Die Abfahrt führt über eine durch nichts unterbrochene Folge von mittelsteilen, steilen und äußerst steilen Südhängen, die kaum von Wald beeinträchtigt sind. Schon während das Aufstiegs genießt man fast ständig sehr schöne Ausblicke; das mächtige Felskastell der Roten Wand (2704 m) ist dabei der Blickfang.

Aufstieg über Garlitt Von der Säge nach Osten fast waagerecht auf einem Güterweg durch steile Hänge nach Garlitt. In

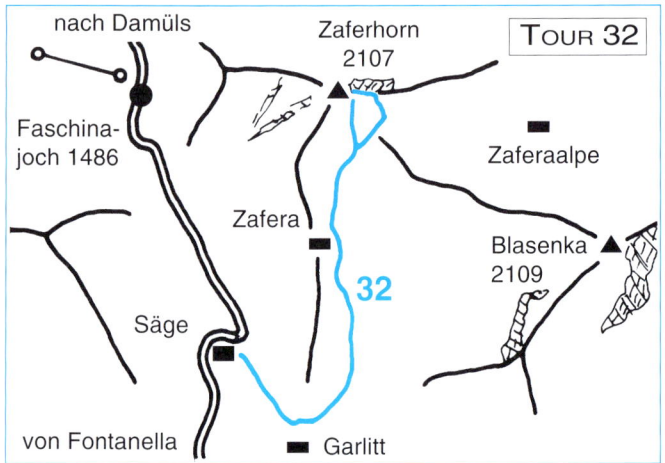

TOUR 32

nach Damüls

Zaferhorn
2107

Faschina-
joch 1486

Zaferaalpe

Zafera

Blasenka
2109

32

Säge

von Fontanella

Garlitt

den rechten oberen Winkel der freien Wiesen und auf dem Alpweg nach rechts zur nächsten Blöße. Gerade empor zu ihrem
Oberende und zwischen einigen Bäumen in eine Mulde, durch
die man – zwischendurch reichlich steil – den kleinen Boden
genau südlich des Zaferhorns erreicht. Nun entweder direkt über
den äußerst steilen, noch hohen Gipfelhang oder – bequemer
– auf einer Rampe auf die Schulter im Südostgrat, die auch der
Sommerweg überquert, und längs des oft abgeblasenen, teilweise steilen Grasgrates zum Kreuz.

*Das Zaferhorn über dem Faschinajoch. Auf seiner Südseite gibt es eine
rassige Abfahrt nach Fontanella-Säge.*

Kunkelkopf (2110 m)

Firnhänge unter dem Zitterklapfen

Touren-Steckbrief

Aufstiegszeit: Gut 3 Std. von Buchboden.
Abfahrt: 1060 Hm, fast durchgehend freie Alpenweiden, teilweise jedoch steil, sehr zügig.
Lawinengefahr: Typische Tour für sicheren, stabilen Firn im März oder April.
Himmelsrichtung: Südwest-, meist jedoch südseitig.
Gipfelaufbau: Über dem Jöchle kurzer, aber steiler und anspruchsvoller Grat.
Stützpunkt: Unterwegs keiner, doch Gasthöfe in Buchboden.
Ausgangspunkt: Durch das gesamte Großwalsertal nach Sonntag und bei der Verzweigung kurz nach dem Ort auf der unteren Straße noch 4 km ins kleine Buchboden (910 m).

Vom Seeleschrofen (2247 m), der im Kamm östlich des Zitterklapfens steht, zieht ein stark auffallender Seitenkamm nach Süden gegen das innerste Großwalsertal hinab, der Kunkelgrat. Schon vom Tal fällt ein starke schlanker Turm in dieser Schneide auf, die Kunkel, eine alemannische Bezeichnung für Spindel. Der runde Steilgrasgipfel direkt nördlich des Turms ist der Kunkelkopf, der durch das Seelejöchle (2070 m), unserem eigentlichen Ziel, vom Seeleschrofen getrennt ist.

Die Tour Reicht der Schnee noch bis Buchboden (Südhänge) und besteht er aus einem stabilen Firn, dann findet man hier – mag sie auch noch so unbekannt sein – eine Abfahrt zum Schwelgen; es gibt keine Unterbrechungen oder Flachpassagen. Das glatte Grasgelände mit seinen kurzen Stufen erfordert allerdings sichere Verhältnisse.

Aufstieg Aus der Ortsmitte von Buchboden auf dem Alpweg nach Nordosten schräg aufwärts über zwei Gräben zu einem fast freien Rücken. Über ihn und die anschließenden Hänge, sich immer rechts haltend, empor und auch rechts an den Hütten der Unteren Überlutalpe vorbei bis unter den Wald. Hier nach rechts auf dem Sommerweg über einen scharfen Bacheinschnitt zu den nächsten Alpweiden und hinauf zur oberen Alphütte. Nun am besten über den gewölbten Hang steil gerade empor bis auf 1760 m Höhe, dann Querung nach rechts ins Tälchen. Durch sehr schöne Mulden nach Nordosten ins Seelejöchle. Wenn es die Verhältnisse erlauben, zu Fuß noch über den steilen Grat nach Süden auf den Kunkelkopf.

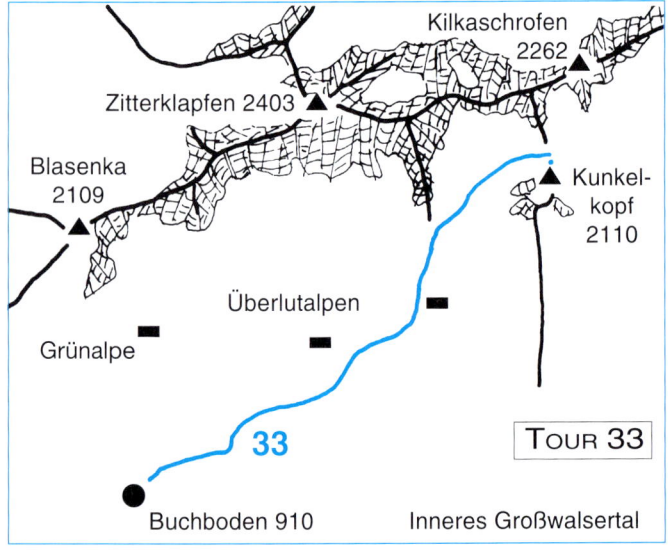

Kilkaschrofen 2262

Zitterklapfen 2403

Blasenka 2109

Kunkel-kopf 2110

Überlutalpen

Grünalpe

33

Buchboden 910

Inneres Großwalsertal

TOUR 33

Lusgrind (2286 m)

Weite Wege in unberührter Bergwelt

Touren-Steckbrief

Aufstiegszeiten: 3 Std. aus dem Gebiet von Stein.

Abfahrt: Insgesamt 1640 Hm, eine meist flache Strecke zur Alp Laguz, dann teilweise steil und hochalpin, schließlich langgezogener Rückweg auf einem Alpsträßchen. Nur bei stabilem Wetter befahren!

Lawinengefahr: Sichere Verhältnisse sind Voraussetzung!

Himmelsrichtung: Fast alle Richtungen.

Gipfelaufbau: 50 Hm über sehr steile, doch meist unproblematische Hänge.

Stützpunkt: Unterwegs keiner, Gasthöfe in Marul und Sonntag.

Ausgangspunkt: Im Großwalsertal nach Sonntag (888 m) und noch 500 m weiter zur Talstation der Seilbahn.

Dem breiten Formarin-Schafberg ist nördlich der felsige Lusgrind vorgebaut, ein abgelegener, kaum bekannter, aber doch mächtiger und selbständiger Gipfel. Großartiger Blick auf die Rote Wand (2704 m)!

Die Tour   Das ist eine ganz ungewöhnliche Rundtour, die durch eine großartige, im Winter völlig unberührte Hochgebirgswelt führt. Sie bietet eine reizvolle, spannende und teilweise nicht ganz einfache Abfahrt, aber auch einen recht flachen Abschnitt. Sicherer Schnee und nebelfreies Wetter sind unbedingt notwendige Voraussetzungen.

Zugang über Alp Laguz   Mit der Kleinkabinenbahn in »freiem Flug« quer über das Tal nach Stein und mit dem Lift zur Bergstation am Glattmar. Kurz auf der Piste hinab, dann mehr nach links zu den Hütten von Oberpartnum (1652 m). Dem breiten Weg folgend in einem Bogen nach Süden, dann links durch einen Einschnitt in den Sattel (1845 m) unmittelbar am Fuß des

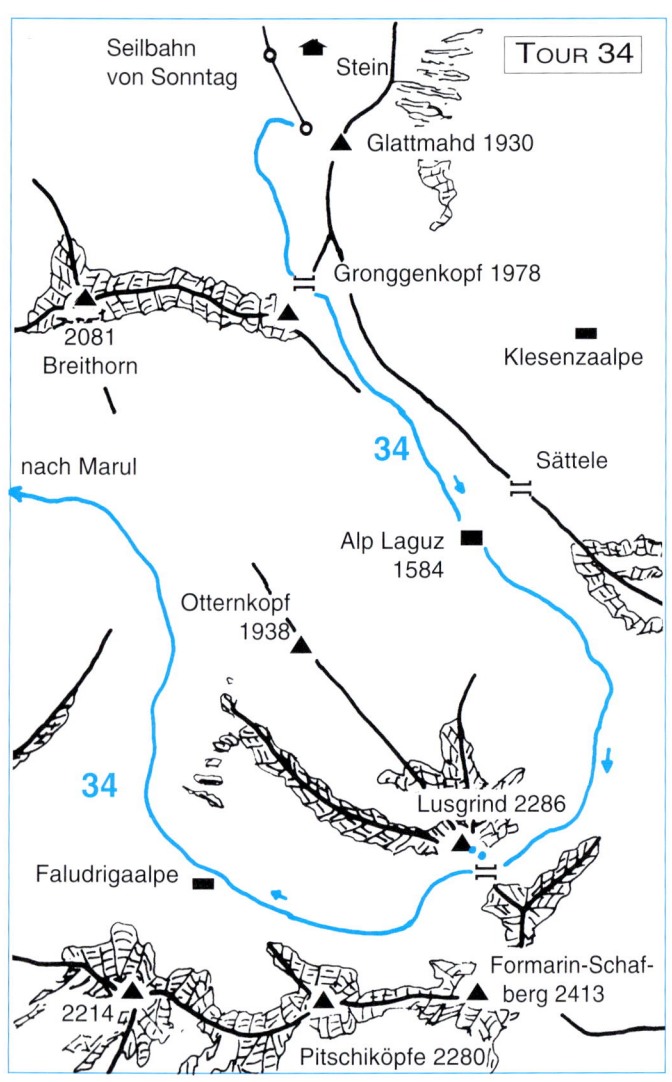

Seilbahn
von Sonntag

Stein

TOUR 34

Glattmahd 1930

Gronggenkopf 1978

2081
Breithorn

Klesenzaalpe

34

Sättele

nach Marul

Alp Laguz
1584

Otternkopf
1938

34

Lusgrind 2286

Faludrigaalpe

Formarin-Schaf-
berg 2413

2214

Pitschiköpfe 2280

Gronggkopfs hinauf. Gemütliche Abfahrt nach Südosten zur Alp Laguz (1584 m). Durch kleine Mulden bis vor die Obere Laguzalpe, auf den Boden unter dem Felsfuß des Hanflender-Nordostgrates und schräg nach rechts in den Kessel nördlich dieses Gipfels. Auf einer Rampe über einen Steilhang und eine Wächtenstufe in die Schwarze Furka (2199 m). Erst mit Skiern, dann zu Fuß steil auf den Gipfel.

Abfahrten Entweder auf der gleichen Route zurück (Gegenanstieg 1 Std.) oder Faludriga-Abfahrt nach Marul (alpine Erfahrung nötig): Von der Furka sich erst rechts haltend über die Steilstufe nach Westen hinab, dann links und unter den Pitschikopf-Nordhängen hinüber zur Faludrigaalpe. Nach Nordwesten über einen Geländerücken ins Tal und wie der Sommerweg durch das kurze, aber sehr scharf eingeschnittene Faludrigatal (Lawinenstriche!) zum Laguzbach. Über die Brücke, dann immer auf dem Fahrweg, zwischenzeitlich fast eben, noch 4 km über Garfülla hinaus nach Marul. Busfahrt nach Sonntag.

Wangspitze (1766 m)  35

Steiler, weißer Vorposten des Breithorns

Touren-Steckbrief

Aufstiegszeit: 1 Std. vom Guggernülli.

Abfahrt: 1300 Hm, fast durchgehend freie, nordseitige Weideflächen, am Gipfel sehr steil.

Lawinengefahr: Gipfel nur bei besten Verhältnissen befahren!

Himmelsrichtung: Nordwest- und nordseitig.

Gipfelaufbau: Äußerst steiles Gelände, doch mit Skiern begehbar.

Stützpunkt: Unterwegs keiner.

Ausgangspunkt: Von Ludesch 7 km nach Raggal und auf sehr guter Straße hinüber nach Marul (976 m), Parkplatz am Ortsbeginn.

Schaut man von Fontanella nach Süden, dann fällt jenseits des tief eingeschnittenen Tales ein mächtiger Bergkamm mit zwei recht felsigen Gipfeln auf. Sie heißen Kellaspitze und Breithorn (2081 m). Davor steht eine weiße Pyramide, unsere Wangspitze, die nur dadurch etwas imposanter wirkt, daß sie nach Norden vorgeschoben ist.

Die Tour Die Lifte von Marul zum Guggernülli nehmen den Tiefschneefreunden den größten Teil der Aufstiegsmühen ab, und sie können deshalb so recht auf den freien Alpflächen und Wiesen im geschützten nordseitigen Gelände schwelgen. Der Gipfel (den man auch rechts liegen lassen kann) mit seinem Steilgras erfordert allerdings erfahrene Tourengeher.

Zugang von Marul Mit den Liften bis unter den Guggernülli (1736 m). Kurz über den Rücken nach Osten, dann nach Norden hinunter auf das Alpsträßchen. Auf ihm quer durch die sehr

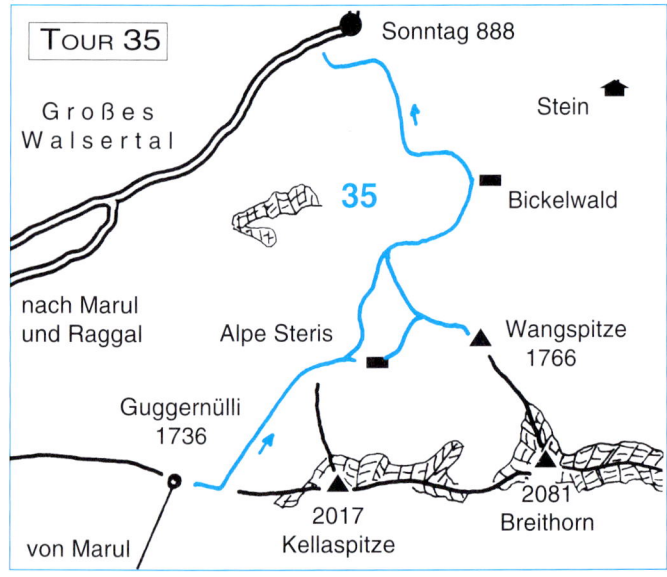

Die Kellaspitze über den Flächen der Alp Steris; über sie führt die Route vom Guggenülli zur Wangspitze und ins Großwalsertal bei Sonntag.

steilen Hänge unter der Kellaspitze (Lawinenstrich) zur Alpe Steris (1441 m). Nach Osten über den Bach, dann anfangs nur wenig steigend schräg durch den Hang zum Nordwestrücken der Wangspitze und über ihn, am Schluß äußerst steil, zum Gipfel.

Abfahrt nach Norden   Wieder nach Nordwesten hinab und tiefer auf eine breite Schulter. Noch kurz in der gleichen Richtung zwischen ein paar Bäumen in einen Sattel (hierher auch direkt von der Alpe Steris). Nach rechts durch eine Lichtung auf die schönen freien Flächen von Bickelwald. Gerade hinab bis kurz vor den Wald, dann links auf dem Fahrweg über zwei Gräben und wieder gerade abwärts auf einem schmalen grünen Rücken bis ins Tal. Etwas nach links, über die Lutz und drüben etwa in 15 Min. hinauf zur Straße. Mit dem Bus zurück nach Marul.

36 Höferberg (2131 m)

Zerfurchte, nordseitige Steilhänge

Touren-Steckbrief

Aufstiegszeit: Insgesamt 2 Std. ab Hochtannberg.

Abfahrt: Zusammen 730 Hm in stets freiem Gelände, Nordflanke des Gipfels jedoch äußerst steil, Zwischenanstieg.

Lawinengefahr: In der Nordflanke sind beste Verhältnisse nötig.

Himmelsrichtung: Eine Nord- und eine Südabfahrt.

Gipfelaufbau: Mit Skiern bis fast auf den Gipfel.

Stützpunkt: Unterwegs keiner, doch Gasthöfe im Hochtannberggebiet.

Ausgangspunkt: Aus dem inneren Bregenzerwald auf guter Bergstraße über Schröcken zum ersten, sehr großen Parkplatz (1650 m) kurz vor der Paßhöhe am Hochtannberg.

Über Schröcken und Neßlegg fällt der Höferberg als extremer Steilgrasgipfel mit riesigen Lawinenbahnen ins Auge. Von Norden, aus dem Bärgunttal, zeigt es sich als breite, herrlich weiße Schneide. Eindrucksvoll ist der Blick von dort oben unter anderem auf den nahen Widderstein (2533 m) mit seinen hohen Felsflanken.

Die Tour Sicherster Schnee und alpine Erfahrung gehören zu dieser außergewöhnlichen Tour, denn die 250 m hohe Nordflanke des Höferbergs ist reichlich steil, und man kann überdies in dem von Gräben zerrissenen Steilgrashängen in unangenehmes Gelände geraten. Die Abfahrt ist durch einen 25minütigen Gegenanstieg unterbrochen.

Aufstieg Vom Parkplatz über die Straße und daneben ein paar Minuten nach rechts. Dann durch den ersten breiten Bacheinschnitt genau nach Norden steil empor auf den hier sanften

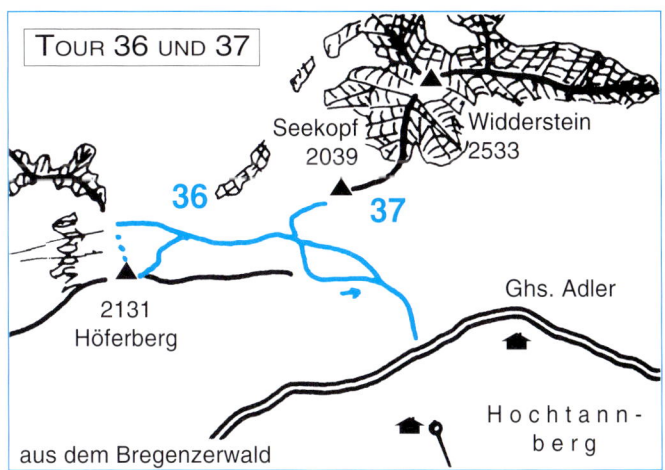

TOUR 36 UND 37

Seekopf 2039

Widderstein 2533

36

37

2131 Höferberg

Ghs. Adler

Hochtann-berg

aus dem Bregenzerwald

Höferberg-Ostrücken. Auf ihm 70 Hm aufwärts, von dort Querung der nordseitigen Hänge in den Hochalppaß (1938 m). Oder – lohnender – auf dem Rücken empor bis in 2000 m Höhe (Schulter vor dem steilen Grataufschwung). Abfahrt nach Norden zum Paß und nach Westen in den folgenden Kessel, über dem die Gipfelflanke aufragt. Nun entweder etwas von links erst in einer Mulde auf das Kreuz zu , dann auf den Rücken daneben, schließlich links vom Gipfel auf den Grat. Oder – nicht ganz so steil – nach Westen durch Mulden zu einer Schulter im Nordgrat und auf der scharfen, westseitig meist abgeblasenen Grasschneide zum Kreuz.

Sind die Höferberg-Nordhänge doch nicht ganz »geheuer«, dann bietet sich ein ideales Ausweichziel: In dem Kamm, der vom gewaltigen Widderstein nach Südwesten zieht, steht eine unauffällige, schneeweiße Kuppe, der Seekopf (der Name fehlt in der Österreichischen Karte). Die Route: vom Hochalppaß gerade nach Norden auf den Kamm und nach rechts auf den Gipfel mit eindrucksvollem Widderstein-Blick. Achtung – nicht direkt nach Südosten abfahren, sonst kommt man in unangenehme Gräben.

Seekopf (2039 m)

37

38 Grüner (1914 m)

Ausweichtour für alle Bedingungen

Touren-Steckbrief

Aufstiegszeit: 1 1/4 Std. von Gehren.
Abfahrt: 410 Hm über schöne, zügige Hänge, fast ohne Wald.
Lawinengefahr: Bei geschickter Wegführung weitgehend zu vermeiden.
Himmelsrichtung: Südwest- bis südostseitig.
Gipfelaufbau: Mit Skiern bis auf den breiten Gipfel.
Stützpunkt: Unterwegs keiner, Gasthof in Gehren.
Ausgangspunkt: Aus dem Bregenzerwald über den Hochtannberg und drüben hinab nach Warth. Von dort über eine weite Serpentine Richtung Lechtal zur Brücke über den Krumbach und noch 200 m zu den Häusern von Gehren (1400 m); begrenzte Parkmöglichkeiten. Dorthin auch aus dem Lechtal.

Westlich des Biberkopfs (2599 m) in den Allgäuer Alpen, der mit seinen Plattenschüssen auffällt, ragt ein runder Gipfel auf, der neben diesem Riesen recht bescheiden wirkt. Das ist der Grüner im Grenzkamm zum Allgäu. Wir wollen uns dieses problemlose Ziel nicht entgehen lassen, auch wenn es schon knapp auf Tiroler Boden liegt.

Die Tour Firn oder frischer Pulverschnee bei nicht zu geringer Schneelage macht aus dieser einfachen Spritztour ein echtes Schmankerl. Eine Kombination mit dem benachbarten Gehrenberg bietet sich an.

Aufstieg Rechts, also östlich, der Häuser von Gehren über die Wiese hinauf zu einem Fahrweg. Bei der Verzweigung rechts und durch die Talhänge zwischen einzelnen Bäumen auf dem Alpweg talein zum freien Gelände bei der Mansgunteralpe (1580 m). Noch eine Viertelstunde in der schönen Mulde nach

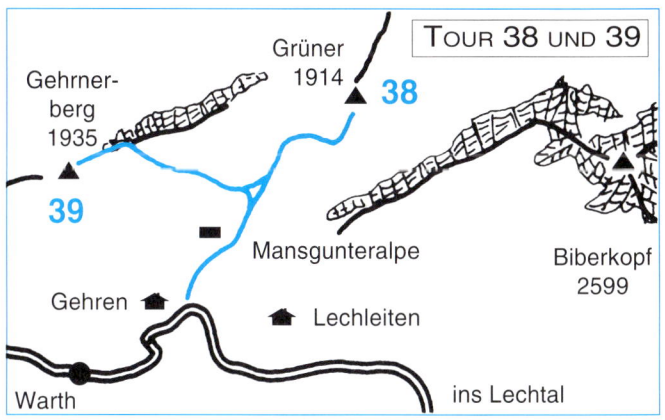

TOUR 38 UND 39

Grüner 1914 ▲ **38**

Gehrner-berg 1935 ▲

39

Mansgunteralpe

Biberkopf 2599

Gehren

Lechleiten

Warth

ins Lechtal

Norden, dann rechts hinauf zum breiten Südrücken und über ihn auf den weiten Gipfel mit schönem Rundblick. Varianten möglich.

Blick von Süden auf die schönen Hänge des Grüner. Diesen kleinen Grenzberg, einen Nachbarn des mächtigen Biberkopfs, findet man bei Warth.

39 Gehrenberg (1935 m)

Weiter, mehrgipfeliger Rücken

Touren-Steckbrief

Aufstiegszeit: 1 1/2 Std. von Gehren.

Abfahrt: 440 Hm über nur mit einzelnen Bäumen bestandene Hänge, kleiner Gegenanstieg.

Lawinengefahr: Bei geschickter Wegführung weitgehend zu vermeiden.

Himmelsrichtung: Süd- bis ostseitig.

Gipfelaufbau: Mit Skiern bis auf den weiten Gipfel.

Stützpunkt: Unterwegs keiner, Gasthof in Gehren.

Ausgangspunkt: Aus dem Bregenzerwald auf den Hochtannberg und drüben hinab nach Warth. Von dort über eine weite Serpentine Richtung Lechtal zur Brücke über den Krumbach und noch 200 m zu den Häusern von Gehren (1400 m), begrenzte Parkmöglichkeiten. Dorthin auch aus dem Lechtal.

Während der Grüner als runder Kopf im Grenzkamm zum Allgäu steht, präsentiert sich der westlich benachbarte Gehrenberg (oder Gehrnerberg) als breiter, unauffälliger Rücken mit einzelnen Bäumen, der allerdings nach Süden steil abfällt.

Die Tour Der Gehrenberg bietet eine ähnliche Spritztour wie der Grüner, allerdings ist die Abfahrt nicht so zügig. Beide Gipfel lassen sich ideal miteinander kombinieren. Man fährt dann vom Grüner am besten bis vor die Mansgunteralpe ab (zusammen 770 Hm). Auch eine Verbindung mit dem mächtigen Geißhorn (2366 m) ist interessant.

Aufstieg Rechts, also östlich, der Häuser von Gehren über die Wiese hinauf zu einem Fahrweg. Bei der Verzweigung rechts und durch die Talhänge zwischen einzelnen Bäumen auf dem Alpweg talein zum freien Gelände bei der Mansgunteralpe

(1580 m). Links über den mit wenigen Fichten bestandenen Hang steil 100 Hm empor, dann auf einer Stufe sich stark links halten und nur wenig steigend in ein kleines Becken. Immer noch nach links in eine weite Senke im Kamm und nach Westen rasch auf den sehr weiträumigen Gipfel des Gehrenbergs.

Auf dem Weg zum Gehrenberg:
Blick auf Warth und Wartherhorn

40 Oberer Schafberg

(2651 m) Traumabfahrt vom »Mehlsack« bei Zug

Touren-Steckbrief

Aufstiegszeit: 3 1/2 Std. von Zug bei Lech.

Abfahrt: 1100 Hm, davon 400 Hm in einem idealen Kar und 600 Hm über einen freien, im oberen Teil sehr steilen Nordhang, dazwischen eine Schrägfahrt über Felsabbrüchen.

Lawinengefahr: Sichere Verhältnisse unbedingt nötig, am besten für Firn bis weit in den Mai geeignet!

Himmelsrichtung: Weitgehend nordseitig.

Gipfelaufbau: Mit Skiern bis auf den runden Gipfel.

Stützpunkt: Unterwegs keiner, Gasthäuser in Zug und Lech.

Ausgangspunkt: Von Bludenz auf der Arlbergstraße nach Stuben, dann auf der tunnelreichen Bergstrecke zum Flexenpaß (1771 m) und über Zürs nach Lech (1444 m, 12 km). Von dort gut 3 km ins Dörfchen Zug (1510 m); beschränkte Parkmöglichkeit, evtl. mit dem Skibus dorthin.

Südwestlich von Zug ragt die gewaltige Gruppe der Schafberge auf, eines der höchsten Massive im Lechquellengebirge. Der breite nördliche Gipfel ist der Obere Schafberg, für den sich durch einen Irrtum der Name »Mehlsack« bei den Skitourenfreunden eingebürgert hat. In Wirklichkeit gehört diese Bezeichnung zu einem Felsturm am Spuller Schafberg.

Die Tour In die hohen Schrofenflanken des Oberen Schafbergs sind ein breiter Steilhang und im oberen Teil ganz versteckt ein herrliches Kar eingelagert, die für eine der schönsten und spannendsten Skitouren überhaupt sorgen. Bei sicherem Schnee und entsprechendem Können läßt's hier wahrlich schwelgen. Doch Vorsicht: Man muß auch eine steile Rampe befahren, die nach unten mit Schrofen abbricht!

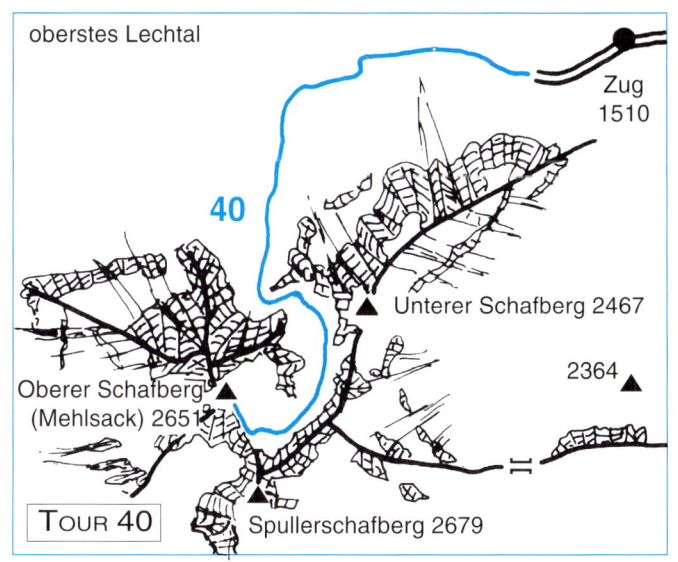

oberstes Lechtal

Zug
1510

40

Unterer Schafberg 2467

2364

Oberer Schafberg
(Mehlsack) 2651

TOUR 40

Spullerschafberg 2679

Aufstieg von Zug Von den letzten Gebäuden in Zug auf der
Straße knapp 2 km talein bis vor den von rechts kommenden
Weißbach. Hinab zur Brücke und über den Lech (evtl. von Zug
auf dem Fußweg am südlichen Ufer entlang dorthin). Erst nur
wenig steigend nach Westen, dann immer gerade über den bald
recht steilen Riesenhang ins östliche, obere Eck. Hier auf dem
obersten Band nach links (unterhalb Abbrüche!) und in das
Schneetal. In herrlicher, geschützter Mulde bis vor die abschließende Scharte, rechts am Grat entlang und über das Dach
auf den breiten Gipfel.

Touren-Steckbrief

Aufstiegszeit: Knapp 1 1/2 Std. vom Flexenpaß.
Abfahrt: 450 Hm, eine Folge schönster Mulden und Rücken, absolut hindernisfrei.
Lawinengefahr: Bei Schneebrettgefahr sollte man auch diese Tour meiden!
Himmelsrichtung: Süd- bis ostseitig.
Gipfelaufbau: Mit Skiern bis auf den runden Gipfel.
Stützpunkt: Unterwegs keiner, Restaurants in Zürs.
Ausgangspunkt: Von Bludenz auf der Arlbergstrecke nach Stuben, dann auf der tunnelreichen Bergstraße zum Flexenpaß (1771 m, 6 km, dorthin fährt auch der Skibus).

Mitten in den stark gegliederten Hängen, die vom Flexenpaß gegen den Erzberggrat empor ziehen, steht ein auffallend runder Kopf, der nach Süden mit einer kleinen Felswand abbricht. Wegen seiner Form wurde er Roßkopf getauft.

Die Tour Dieser kurze Ausflug mit seinem problemlosen Gelände und einem meist auffallend dicken Schneemantel eignet sich »für alle Fälle«, etwa bei einem plötzlichen Aufreißen der Nebel oder um einmal das Skitourengehen zu probieren. Manche kommen auch von der Muggengrätli-Piste mit einem eindrucksvoll steilen Quergang hierher.

Aufstieg Vom Paß auf den Flächen parallel zur Straße sanft abwärts fahrend an der Schluchtmündung des Flexenbachs und einem weiteren, kleinen Bacheinschnitt vorbei. Gleich nach letzterem anfangs steiler, dann mäßig steigend über kleine Rücken und durch Mulden empor in den Kessel unter dem Roßkopf

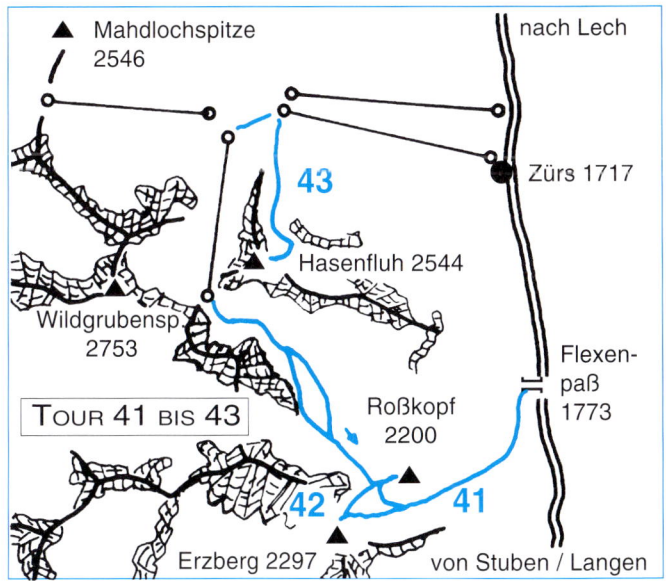

▲ Mahdlochspitze 2546

nach Lech

Zürs 1717

43

Hasenfluh 2544

▲ Wildgrubensp. 2753

Flexen-paß 1773

TOUR 41 BIS 43

▲ Roßkopf 2200

42

41

▲ Erzberg 2297

von Stuben / Langen

und der steilen, felsigen Erzbergspitze. Halbrechts durch die tiefste Mulde, die man dann sehr steil nach rechts oben zum Gratrücken verläßt. Ganz rasch nach Osten auf den runden Gipfelkopf.

Zugang per Lift Von Zürs mit den Bahnen zum Seekopf/Zürsersee und weiter in den Sattel des Muggengrätli (2435 m). Drüben auf der Abfahrt 200 Hm hinab, dann rechts quer durch die äußerst steilen Hänge unter der Flexenspitz-Ostwand entlang und über eine weite Rinne. Kurz aufwärts durch einen Felsriegel auf eine weiße Schulter, dann wieder am Hang entlang zum Sattel vor dem Roßkopf.

Nicht ganz so den Schneebrettern ausgesetzt ist folgende Route: Auf der Abfahrt bis in 2100 m Höhe in einem Tälchen. Nun schräg über eine steile Stufe, dann auf Böden zum Sattel (25 Min. Aufstieg; maximal 780 Hm Abfahrt).

42

Erzberg (2297 m) Im Erzberggrat steht neben dem wild gezackten Schwarzen Turm der unscheinbare Erzberg. Er ist gegen Süden vorgeschoben; unterhalb bricht das Gelände 1000 m tief ins Klostertal ab. Er bietet ein zusätzliches, schon etwas anspruchsvolleres Ziel. Man kann entweder aus dem Kessel unter dem Roßkopf ganz auf der linken Seite der sehr steilen Hänge zu der kleinen Einschartung am Erzberg empor steigen. Oder man benützt vom Sattel am Roßkopf eine deutliche Rampe, die schräg dorthin führt (Achtung – oberhalb große Steilhänge!). 1 3/4 Std. Aufstieg, 550 Hm Abfahrt.

43

Hasenfluh (2544 m) Wie eine Festung mit teilweise hohen Wänden ragt dieser Gipfel mitten im Zürser Pistengebiet auf. Nur im Norden gibt es eine allerdings recht steile Bresche in der Felsmauer. Eine Hasenfluh-Tour bringt keine berauschende Abfahrt, eher ein spannendes Abenteuer und einen faszinierenden Rundblick. Bei absolut sicherem Schnee läßt sie sich in die beschriebene Rundfahrt einbauen. Die Route: Von den Bergstationen am Zürsersee geht es genau nach Süden und links neben dem Hasenfluh-Nordgrat schräg durch sehr steiles Gelände in den hinteren Winkel, dann noch steiler von rechts nach links auf die obere Abdachung. Nach rechts auf den Hauptgipfel (gut 1 Std. Aufstieg, 370 Hm Steilabfahrt).

Vom Roßkopf gesehen bietet die Hasenfluh, die mitten im Zürser Pistengebiet aufragt, einen recht imposanten Anblick.

Q U I T T U N G
Buchhaus Campe
Karolinenstr. 13
90402 Nürnberg
Telefon 0911 / 9920825
Telefax 0911 / 9920899

10.02.99/0055 13.58   04

Artikel Mg. Preis MwSt.   Summe

Seibert/Skitouren Vorarlberg.
WGR 1276 3-89652-147-0
          1   29,90 7,00%   29,90

   TOTAL   1,96   **29,90**

   TOTAL umgerechnet in EUR   15,29
   GEGEBEN EC-CARD   29,90

Vielen Dank für Ihren Einkauf !

Sie erreichen uns auch im Internet
www.campe.de
e-mail info@campe.de

Wösterhorn (2309 m) **44**

Einsames Ziel über Lech-Stubenbach

Touren-Steckbrief

Aufstiegszeit: 3 Std. von Lech.
Abfahrt: 900 Hm, sehr weite Flächen im oberen Teil, dann Geländerücken zwischen Steilhängen.
Lawinengefahr: Sichere Verhältnisse wichtig, gut für Firn geeignet!
Himmelsrichtung: Süd- und westseitig.
Gipfelaufbau: Mit Skiern bis auf den runden Gipfel.
Stützpunkt: Unterwegs keiner, Gasthäuser in Lech.
Ausgangspunkt: Von Bludenz auf der Arlbergstrecke nach Stuben, dann auf der tunnelreichen Bergstraße zum Flexenpaß (1771 m) und über Zürs nach Lech (1444 m, 12 km). Die Strecke von Warth ist im Winter fast immer gesperrt.

Wösterhorn heißt ein abgerundeter Berg im Osten über Lech-Stubenbach. Die knapp 1000 m hohen, oben felsdurchsetzten Supersteilhänge lassen den Gipfel ganz unnahbar erscheinen, und doch gibt es eine reizvolle und spannende Abfahrt von dort oben.

Die Tour Das Steilgrasgelände zwischen Wöstersattel und Wöstertäli erfordert lawinensichere Verhältnisse und eine hohe, stabile Schneelage, damit das Buschwerk gut bedeckt ist. Stimmen die Bedingungen, wird man viel Freude an der Abfahrt haben. Vor Varianten wird gewarnt; nur allzu schnell landet man dann in unbefahrbaren Gräben.

Aufstieg Vom Ortsteil Straß hinab zur Lechbrücke und nach Oberstubenbach. Auf der Loipe nach Norden bis über den Walkerbach. Oder hierher mit dem Skibus bis nach Stubenbach und

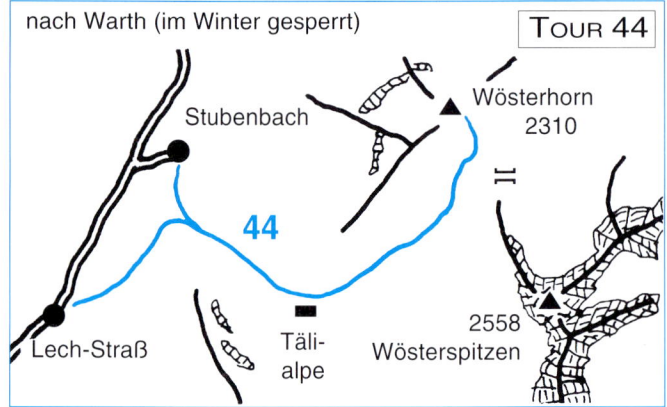

nach Warth (im Winter gesperrt)

TOUR 44

Stubenbach

Wösterhorn
2310

44

Lech-Straß

Täli-
alpe

2558
Wösterspitzen

hinauf zum letzten Haus rechts oben. Auf breitem Weg ins scharf eingeschnittene Wöstertäli. Bei der Talverzweigung kurz im linken Einschnitt, dann über den Bach und zur Tälialpe in nun schon fast freiem Gelände. Halblinks durch ein Tälchen, dann stets über Rampen und kleine Einschnitte erstaunlich gut empor (oder auch über den Rücken rechts davon) zu einem Kreuz. Nun nicht in den Wöstersattel, sondern weiter links auf etwas zerfurchten, aber sonst bequemen Böden und Hängen auf eine Geländeschulter und gerade hinauf zu Grat und Gipfel.

Gümplespitze

(2518 m) Stolzer Gipfel für die Firnschnee-Zeit

45

Touren-Steckbrief

Aufstiegszeit: 2 1/2 Std. von Zürs.

Abfahrt: Etwa 770 Hm, herrliches Südkar, eine steile Stufe ins Tal und kurzzeitig Piste.

Lawinengefahr: Sichere Verhältnisse unbedingt nötig, typische Frühjahrsfirntour, auch noch im Mai möglich.

Himmelsrichtung: Süd- bis westseitig.

Gipfelaufbau: Entweder längerer, leicht schrofiger Grat oder äußerst steile Hänge, bei hartem Schnee anspruchsvoll.

Stützpunkt: Unterwegs keiner, Restaurants in Zürs.

Ausgangspunkt: Von Bludenz auf der Arlbergstrecke nach Stuben, dann auf der tunnelreichen Bergstraße über den Flexenpaß nach Zürs (1717 m, 7,5 km ab Stuben).

An die mächtige Rüfispitze mit ihren zerborstenen Graten und Wänden schließt im Osten eine elegante Pyramide an, die oft auffallend weiß leuchtet, die Gümplespitze. Das Hochtal, das sich von ihr nach Süden hinabzieht – ein eindrucksvoller Bergkessel! – heißt Wangtal, ein Name, der auf den Karten fehlt.

Die Tour Das ist eine schon hochalpine Bergfahrt auf einen großen Gipfel der Lechtaler Alpen! Steiles Grasgelände und die Südlage erfordern einen stabilen Firn. Bei passendem Schnee kann die Abfahrt zu einem Traum werden, auch wenn es einen Gegenanstieg gibt.

Aufstieg Vom obersten Haus im Osten von Zürs in langer Kehre auf breiter Bahn hinauf zur Trittalm und nach einem kleinen Sattel kurz wieder abwärts ins Pazieltal (1930 m). Hierher auch nach einer Bergfahrt mit dem Hexenbodenlift und einer

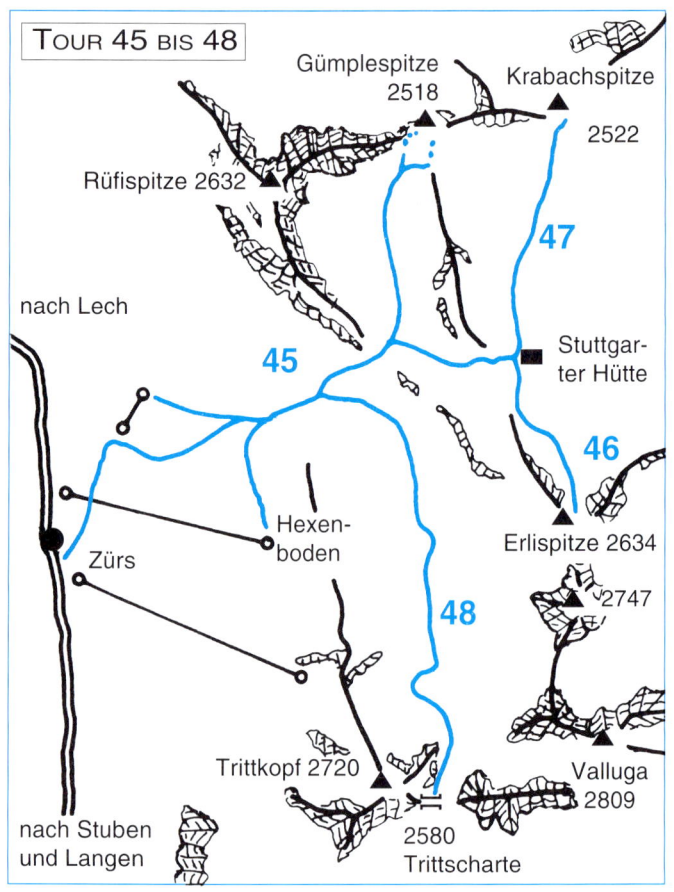

Tour 45 bis 48

Gümplespitze 2518

Krabachspitze 2522

Rüfispitze 2632

nach Lech

47

45

Stuttgarter Hütte

46

Hexenboden

Erlispitze 2634

Zürs

2747

48

Trittkopf 2720

nach Stuben und Langen

2580 Trittscharte

Valluga 2809

300-Hm-Abfahrt über schöne Nordhänge (man wäre dann jedoch reichlich spät unterwegs). Auf die andere Seite des Pazielbachs und drüben über die Hänge erst bequem geradeaus, dann sehr steil schräg rechts über eine Stufe zur Ausmündung des Wangtals. In diesem idealen Hochtal zwischen Rüfispitze und

Trittwangkopf ganz empor bis unter die Gümplespitze, die über dem rechten, hinteren Karwinkel aufragt. Nun entweder nach rechts in die Eisenscharte (2430 m, die nördlichste Gratlücke) und zu Fuß über den noch langen, schrofendurchsetzten Grat zum Gipfel. Oder geradeaus über die immer steiler werdenden Hänge mit Skiern oder zu Fuß zum Westgrat und von dort auf den höchsten Punkt.

Westliche Erlispitze 46
(2631 m)   Über der Stuttgarter Hütte

Touren-Steckbrief

Aufstiegszeit: 3 1/2 Std. von Zürs.
Abfahrt: Etwa 950 Hm, herrliches Nordkar, dann anspruchsvolle, nicht ungefährliche Grashänge und kurzzeitig Piste.
Lawinengefahr: Sichere Verhältnisse unbedingt nötig, typische Frühjahrsfirntour, evtl. noch im Mai möglich.
Himmelsrichtung: Fast alle Richtungen.
Gipfelaufbau: Meist kurzer Gratanstieg zu Fuß.
Stützpunkt: Unterwegs keiner, Stuttgarter Hütte (2305 m) nur Winterraum. Restaurants in Zürs.
Ausgangspunkt: Von Bludenz auf der Arlbergstrecke nach Stuben, dann auf der tunnelreichen Bergstraße über den Flexenpaß nach Zürs (1717 m, 7,5 km ab Stuben).

Im Kamm, der von der alles überragenden Valluga (2809 m) nach Norden zieht, folgt ein besonders schön geformter, dreikantiger Felsgipfel, die 2717 m hohe Roggspitze. Dieser ist unserem Ziel, der Westlichen Erlispitze, vorgebaut.

Die Tour Niemand sollte diese Bergfahrt unterschätzen! Die steilen Grashänge zwischen Wangtal und Stuttgarter Hütte erfordern unbedingt sicheren Schnee; Firn ist hier mit Abstand das Beste, auch ein früher Aufbruch wäre wichtig. Ein besonderes Schmankerl bietet das geschützte, 300 m hohe Nordkar der Erlispitzen.

Aufstieg Vom obersten Haus im Osten von Zürs in langer Kehre auf breiter Bahn hinauf zur Trittalm und nach einem kleinen Sattel kurz wieder abwärts ins Pazieltal (1930 m). Hierher auch nach einer Bergfahrt mit dem Hexenbodenlift und einer 300-Hm-Abfahrt über schöne Nordhänge (man wäre dann jedoch reichlich spät unterwegs). Auf die andere Seite des Pazielbachs und drüben über die Hänge erst bequem geradeaus, dann sehr steil schräg rechts über eine Stufe zur Ausmündung des Wangtals. Nach rechts über den Bach und erst wenig steigend auf der »Wang« (unterhalb Abbrüche!) nach Osten, dann über eine sehr steile Stufe auf den Kamm nahe der Stuttgarter Hütte. Kurzzeitig eben nach Süden, etwas nach links, dann durch die Idealmulde gerade empor zur Scharte zwischen den Spitzen. Zu Fuß über den Grat auf den westlichen Gipfel (oder äußerst steil mit Skiern über die Nordflanke).

47

Krabachspitze (2522 m) Wer im Winterraum der Stuttgarter Hütte übernachtet, kann zusätzlich diesen Gipfel besteigen, der mit seinen breiten Hängen genau im Norden aufragt. Am besten fährt man von der Hütte 100 Hm schräg nach Nordosten auf die weiten Böden hinab und steigt dann ziemlich gerade über die im oberen Teil steilen Hänge auf den Gipfel. 1 Std. Aufstieg (+ Gegenanstieg zur Hütte) und insgesamt 400 Hm Abfahrt.

48

Trittscharte (2580 m) Herrscht in den geschützten Nordlagen ganz verlockender Pulverschnee, dann bietet sich folgende Alternative: Immer nach Süden durch das gesamte Pazieltal (an der ersten kurzen Stufe links, bei der großen Stufe im Talschluß rechts) in das kleine, eindrucksvolle Becken zwischen Trittkopf und Pazielfernerspitzen und noch in die von Zacken gekrönte Trittscharte (insgesamt 3 Std. Aufstieg, 870 Hm Abfahrt).

Peischelkopf

(2412 m) Nahrhafte Gipfel über dem Arlberg

Touren-Steckbrief

Aufstiegszeit: 2 Std. von St. Christoph.
Abfahrt: 650 Hm, oben eine schöne Mulde, dann eine rasche Folge teilweise recht steiler Hänge.
Lawinengefahr: Beste Verhältnisse nötig.
Himmelsrichtung: Erst südost-, dann nordostseitig.
Gipfelaufbau: Mit Skiern bis auf den Gipfel.
Stützpunkt: Unterwegs keiner, Gasthäuser etc. in St. Christoph.
Ausgangspunkt: Durch das gesamte Klostertal nach Stuben und auf der Paßstraße noch gut 5 km nach St. Christoph am Arlberg (1765 m), einem Hotel- und Skidorf.

Die drei runden Berge zwischen Albonagrat und Arlbergpaß, die stets in schönstem Weiß leuchten, hat ein Witzbold Knödelkopf, Peischelkopf (von Beuschel = saure Lunge) und Wirt genannt. Obwohl sie mitten im berühmten Pistenrevier stehen, »gehören« sie dennoch den Tourengehern und Tiefschneefreunden.

Die Tour Unsere ganz pistenfreie Route, die sich durch die sehr steile Ostflanke des Wirtes zieht, erfordert besten Schnee und gutes skifahrerisches Können. Ganz rasch ließen sich Knödel und Peischelkopf vom Maroisattel (Albonabahnen von Stuben) erreichen. Man würde dann vom Peischelkopf erst nach Nordwesten, dann nach Norden sehr steil auf die Geländestufe bei der Mittelstation abfahren. Von dort ginge es dann auf der Piste zurück nach Stuben.

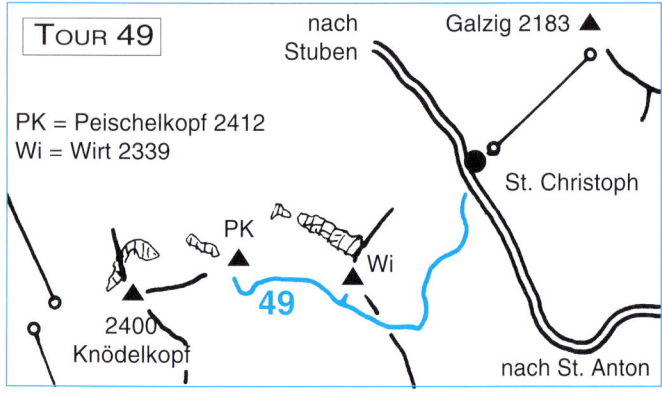

TOUR 49

PK = Peischelkopf 2412
Wi = Wirt 2339

nach Stuben

Galzig 2183 ▲

St. Christoph

PK ▲

Wi ▲

49

2400
Knödelkopf

nach St. Anton

Aufstieg von St. Christoph Vom Südende des Dorfes zuerst noch ein paar Minuten eben nach Süden bis hinter die Ausmündung eines Baches. Nun bald recht steil 60 Hm empor, dann nach links auf einen kleinen Boden. Über stark gewelltes Gelände geht es schräg nach Süden aufwärts zum Wirt-Südostrücken, den man bei einer Schulter auf 2100 m Höhe erreicht (faszinierender Blick aufs Patteriol, 3056 m). Waagerecht hinüber in die nahe Wirt-Südostmulde und durch sie ganz hinauf, dann über die wellige Paßfläche an den Peischelkopf-Grat und auf den Gipfel. Man kann auch den Wirt (2339 m, 25 Min. kürzer, zügigere Abfahrt) als Ziel wählen

Kaltenberg

(2896 m) Traumskiberg über Albona

Der Kaltenberg im nördlichsten Teil des Verwall ist ein hohes und stolzes Ziel. Elegant schaut der Gipfel mit seinem weithin leuchtenden, nordseitigen Gletscherchen aus, das ihm wohl zu seinem Namen verhalf.

Die Tour Die herrlichen nordseitigen Steilkare werden leider durch zwei Gegenanstiege unterbrochen. Da man die Lifte für den Zugang braucht (oder Winterraum-Übernachtung in der Kaltenberghütte), ist man relativ spät für diese große Tour unterwegs; man sollte deshalb über einige Kondition verfügen. Schon vor 100 Jahren zählte der Kaltenberg zu den Skitourenzielen Das mag der Grund dafür sein, daß ihn heute mancher unterschätzt. In Wirklichkeit handelt es sich um eine anspruchsvolle, hochalpine Bergfahrt, die bei Schneebrettgefahr absolut tabu sein sollte.

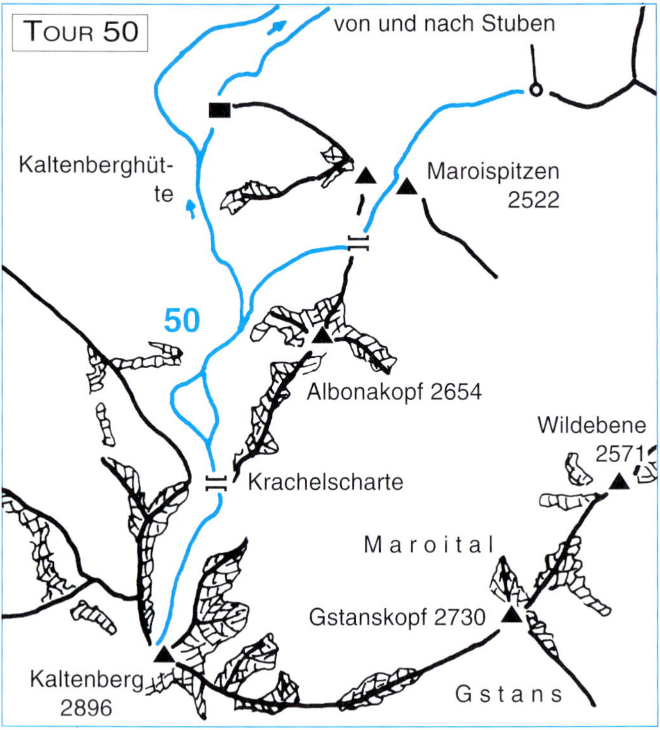

von und nach Stuben

Kaltenberghüt-
te

Maroispitzen
2522

50

Albonakopf 2654

Wildebene
2571

Krachelscharte

M a r o i t a l

Gstanskopf 2730

Kaltenberg
2896

G s t a n s

Aufstieg über Maroiköpfe Mit den Liften auf den Albonagrat. Nach Westen und Südwesten über den Boden an den Nord-
fuß der Maroiköpfe (2522 m), dann von rechts über Rampen
schräg empor auf deren Gipfelgrat und drüben Abfahrt in die
nahe Maroischarte (2456 m). Halblinks (nicht nach Westnord-
west!) in einem zwischendurch steilen Tälchen bis auf 2220 m
Höhe hinab. Nun wieder aufwärts: Schräg nach Süden in den
hinteren Winkel eines schönen Kares. Von dort entweder direkt
über den großen Steilhang oder mit einer Schleife nach rechts
in die Krachelscharte (2650 m). Drüben – sich anfangs links hal-

tend – 100 Hm sehr steil hinab und dann über den herrlichen, aber wiederum recht steilen Gletscher auf den Gipfel; die letzten Meter zu Fuß von rechts über Blockwerk.

Abfahrt Entweder wie beim Zugang, dann sind es insgesamt 2300 Hm (900 Hm Piste) Man muß dann allerdings zwei Gegenanstiege (20 bzw. 50 Min.) in Kauf nehmen, die sich jedoch wegen der schöneren und sichereren Hänge allemal lohnen.

Oder über die Kaltenberghütte: Auf der Anstiegsroute (20 Min. Gegenanstieg in die Krachelscharte) wieder bis auf 2220 m Höhe hinab. Sich hoch oben an den Hang haltend weiter talaus, in etwa 2100 m Höhe quer durch die sehr steilen Hänge des Alpenkopfs (ganz sicherer Schnee notwendig) und hinüber zur Kaltenberghütte. Von dort Abfahrt nach Norden durch sehr steile Hänge hinab ins Pistengebiet. Einfacher: Man kann auch durch Schrägfahrten die Geländekuppe, auf der die Hütte steht, westlich und nordwestlich umrunden; ab 1800 m Höhe muß man sich dann stark rechts halten.

Schönberg (2104 m) 51

Im Fürstentum Liechtenstein

Touren-Steckbrief

Aufstiegszeit: 2 Std. von Malbun

Abfahrt: 610 Hm, sehr schöne freie Flächen, kurzer Gegenanstieg, am Schluß ein etwas unangenehmes Sträßchen.

Lawinengefahr: Nicht bei der Möglichkeit von Schneebrettern!

Himmelsrichtung: Vor allem südostseitig.

Gipfelaufbau: Mit Skiern bis auf den Gipfel.

Stützpunkt: Unterwegs keiner, Gasthöfe in Malbun.

Ausgangspunkt: Von Vaduz auf aussichtsreicher Bergstraße nach Triesenberg, durch den Tunnel und hinauf zum untersten Parkplatz (1545 m, 15 km) von Malbun.

Schönberg heißt ein Gipfel im Weströtikon, der – von Südosten betrachtet – dank seiner Weideflächen diesem Namen alle Ehre macht. Er ragt ganz isoliert über dem Tal von Malbun (1599 m) empor, einem kleinen, aber reizvollen Wintersportgebiet.

Die Tour Aus der Bergwelt Liechtensteins, die zum Rätikon gehört, soll wenigstens eine Tour beschrieben werden, auf der

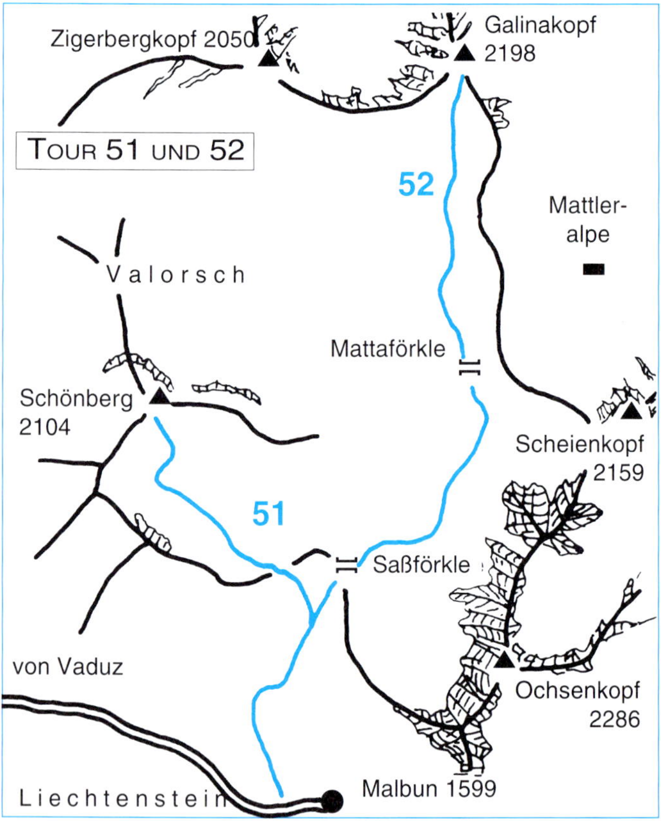

Zigerbergkopf 2050

Galinakopf 2198

TOUR 51 UND 52

52

Mattler-alpe

V a l o r s c h

Mattaförkle

Schönberg 2104

Scheienkopf 2159

51

Saßförkle

von Vaduz

Ochsenkopf 2286

L i e c h t e n s t e i n

Malbun 1599

Von Norden präsentiert sich der Galinakopf als Felsberg, während man ihn von Malbun (Liechtenstein) aus mit Skiern besteigen kann.

man wirklich schöne Südosthänge findet. Es gibt bei dieser Route jedoch auch zwei »Schönheitsfehler«: einen Gegenanstieg von 50 Hm und einen steilen Ziehweg gleich über dem Tal.

Aufstieg von Malbun Vom unteren Ende des großen Parkplatzes auf einem steilen Fahrweg nach Nordwesten über eine Stufe und dann in dem sanften Hochtal bis ins letzte Becken vor dem Saßförkle. Nicht ins Förkle, sondern vorher nach Nordwesten in einen breiten Sattel, von dort auf dem Sommerweg wenige Meter hinauf, dann kurze Querung zu einem Eck unter dem Punkt 1883. Nun 50 Hm hinab und – sich anfangs rechts haltend – über die freien, aber zerfurchten Hänge in den Roßboden. Auf den Gipfel zu, dann schräg rechts auf die oberen Hänge und von Südosten zum Kreuz.

Galinakopf (2198 m)

Dieser seine Umgebung weit überragende Gipfel bricht nach drei Seiten mit eindrucksvollen Felsflanken ab; nur von Süden zieht ein weißes, allerdings recht steiles Feld zum Kreuz hinauf. Dort oben gibt es eine sehr schöne, rassige 450-Hm-Abfahrt, dann folgen weite, teilweise flache Böden und zwei kurze Gegenanstiege. Die Route in Stichpunkten: Saßförkle – Mattaförkle – Guschgfiel – Südmulde – Galinakopf (3 1/2 Std. Aufstieg, 800 Hm Abfahrt, lawinensicherer Schnee notwendig).

53 Mondspitze (1967 m)

Nördlicher Vorposten des Rätikon

Touren-Steckbrief

Aufstiegszeit: Maximal 2 1/2 Std. von Dunza.

Abfahrt: Bis zu 770 Hm über freie, problemlose Hänge, nur ein ganz kurzer Abschnitt mit lichtem Wald, bei Befahren der Gipfelhänge jedoch sehr steil.

Lawinengefahr: Sichere Verhältnisse wichtig, sonst Ausweichen aufs Skiköpfle (siehe Seite 104).

Himmelsrichtung: Ostseitig, am Gipfel nord- oder südseitig.

Gipfelaufbau: Den langen Südwestgrat begeht man zu Fuß, evtl. auch mit Skiern.

Stützpunkt: Unterwegs keiner.

Ausgangspunkt: Von der Autobahn-Ausfahrt »Brandnertal« auf kurvenreicher Straße nach Bürserberg. Von dort auf nun kleinem Sträßchen (evtl. Ketten nötig) 4 km nach Dunza und zwischen den Häusern noch steil empor zum Wanderparkplatz (1220 m).

Der letzte große Gipfel im langen Kamm zwischen Brandner- und Gamperdonatal wirkt, von Dunza gesehen, in den Augen eines Skitourengehers reizlos oder auch recht verlockend – je nach Schneelage. Der 300 m hohe, äußerst steile Südosthang ist nämlich entweder von Latschen schwarz getupft oder makellos weiß, was dann dem Berg zu echter Eleganz verhilft.

Die Tour Schön und problemlos sind die Wiesen und Mulden bis zum Bergfuß. Dann hängt es ganz vom Können und den Verhältnissen ab, ob man vom Schillersattel, vom Gipfel über den Südosthang oder vom Ostgrat die rassige, oben felsdurchsetzte Nordflanke abfährt.

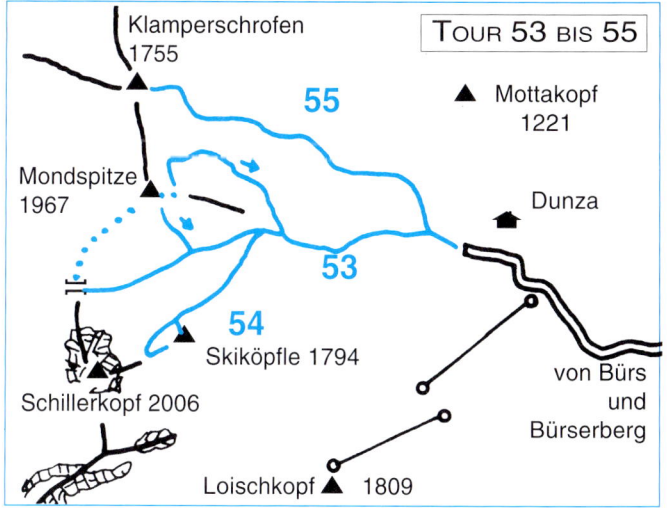

Aufstieg Vom Parkplatz sanft aufwärts zu einem letzten Haus. In der gleichen Richtung (genau nach Westen) weiter über die Lichtung auf den folgenden kleinen Boden. Über einen schönen Hang, dann zwischen mächtigen Fichten ziemlich gerade empor (alte Skimarkierungen) auf den Furklaboden und flach in die Schillermulde links der Mondspitze. In ihren hinteren Winkel und über eine kurze Steilstufe in den Schillersattel (1847 m). Nun – am besten zu Fuß – über den noch hohen, anfangs schärferen Grat auf den Südgipfel (1962 m) der Mondspitze.

Abfahrten Entweder vom Schillersattel wie beim Hinweg. Oder man steigt über den langen Grat mit Skiern bis zum Hauptgipfel auf und fährt auf dem äußerst steilen Südosthang ab (Firn und hohe, stabile Schneelage unbedingt nötig). Weitere Möglichkeit: etwa 100 m über den Ostgrat hinab, dann zwischen Felsen durch eine sehr steile Rinne in die Nordflanke. Wo das Gelände sanfter wird, scharf nach rechts zur Geländekante, um dann nach Osten abzufahren.

Nordseite des Skiköpfle, einem Vorgipfel des zackenreichen Schillerkopfs.

54 **Skiköpfle (1794 m)** Bei Lawinengefahr sollte man sowohl Schillersattel wie Mondspitze meiden. Dann bietet sich das Skiköpfle als Ausweichziel an. Es steht als unauffällige weiße Schneide in dem Kamm, der vom malerischen, mit kühnen Zacken dekorierten Schillerkopf (2006 m) nach Osten zieht.

Im oberen Teil des bei Tour 53 erwähnten »schönen Hangs« nach links und zwischen locker stehenden Fichten stets nach Südwesten auf den Schillerkopf zu bis in die Mulde im Norden des Skiköpfles. Entweder über den steilen Hang direkt zum unbedeutenden Gipfel (mit schönem Blick auf die wilden, teilweise ganz unbekannten Felsberge der Region) oder flacher mit einer nach Westen ausholenden Schleife.

Klamperschrofen 55

(1755 m) Für alle Verhältnisse geeignet

Touren-Steckbrief

Aufstiegszeit: Knapp 2 Std. von Dunza.
Abfahrt: 540 Hm über freie, problemlose Hänge, nur ein Abschnitt mit lichtem Wald.
Lawinengefahr: Bei richtiger Routenführung ohne Gefahr.
Himmelsrichtung: Südost- und ostseitig.
Gipfelaufbau: Mit Skiern bequem bis auf den Gipfel.
Stützpunkt: Unterwegs keiner, Gasthaus in Dunza.
Ausgangspunkt: Von der Autobahn-Ausfahrt »Brandnertal« auf kurvenreicher Straße nach Bürserberg. Von dort auf nun kleinem Sträßchen (evtl. Ketten nötig) 4 km nach Dunza und zwischen den Häusern noch steil empor zum Wanderparkplatz (1220 m).

Schwarzkopf und Klamperschrofen heißen die nördlichsten, recht unauffälligen Gipfel im langen Kamm zwischen Brandner- und Gamperdonatal. Einzigartig ist der Tiefblick über 1200 m auf den Walgau mit Nenzing und anderen Ansiedlungen.

Die Tour Hindernislose Wiesen – eher flach als steil – sorgen für eine Genußabfahrt. Nur kurz geht es durch Wald, in dem die Bäume jedoch weit auseinander stehen. Pulverschnee mit guter Unterlage wäre ideal, Lawinengefahr gibt es bei sinnvollem Anlegen der Spur keine.

Aufstieg über Furklaalpe Vom Parkplatz sanft aufwärts zum letzten Haus, hier nach rechts über den Boden (Loipen) und knapp unter dem Wasserschloß vorbei auf die folgende freie Fläche. Sanft nach Westen empor, dann etwas nach rechts und zwischen einzelnen Lärchen zu einem herrlichen Hang. Hinauf zu einem Sträßchen, 2 Min. nach rechts, dann ziemlich gerade

– auf die Markierungen des Sommerwegs achtend – durch lichten Wald zu den Weideflächen oberhalb. Zur Furklaalpe und zwischen einzelnen Fichten ins Garsellijoch. Meist knapp südlich des Rückens auf den wenig ausgeprägten Gipfel.

Auf dem Weg zum Klamperschrofen: Blick auf die Nordflanke der Mondspitze mit ihrer sehr steilen Abfahrt.

Blankuskopf

(2334 m)   Einsames Steilgelände hoch über Brand

Touren-Steckbrief

Aufstiegszeit: Gut 4 Std. von Brand.

Abfahrt: Maximal 1270 Hm, schöne freie Mulden, teilweise jedoch sehr steil, dann Waldstufe, schließlich Tal und Piste.

Lawinengefahr: Teilweise sehr glatte, steile Hänge, deshalb ist sicherer Firn Voraussetzung.

Himmelsrichtung: Nordost- und ostseitig.

Gipfelaufbau: Bei guten Verhältnissen mit Skiern bis auf den Gipfel.

Stützpunkt: Unterwegs keiner.

Ausgangspunkt: Von der Autobahn-Ausfahrt Brandnertal 8 km auf teilweise kurvenreicher Bergstraße nach Brand (1037 m), Ferienort im Brandnertal. Start im Süden des Ortes an der Talstation des Palüdliftes (1060 m).

Im Nordteil des langen Kammes, der westlich über Brand aufragt, stehen eindrucksvolle Felsgipfel wie Tuklar und Fundlkopf, die im Süden dann jedoch von Steilgrasbergen abgelöst werden. Deren Mittelpunkt bildet der behäbige, aber an vielen Stellen äußerst steile Blankuskopf.

Die Tour   Außer einer Stufe zwischen den beiden Brüggelealpen ist diese stille, sehr anspruchsvolle Tour ohne Hindernisse. Da die herrliche Ostmulde nach oben in äußerst steile – ebenfalls ostseitige! – Hänge übergeht, unternimmt man die Tour bei stabilem Firn, jedoch nicht zu spät im Jahr, um noch bis in Talnähe abfahren zu können.

Aufstieg durch das Zalimtal   Vom Parkplatz auf der Piste oder auf dem Alpsträßchen bis in 1220 m Höhe. Nun auf dem Fahrweg nach links über eine Brücke und durch die Hänge hin-

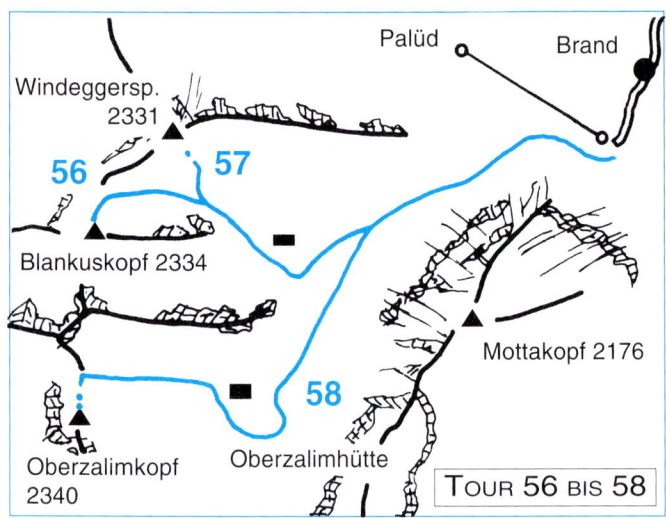

über ins Zalimtal in nun unberührtem Gelände. Hierher kommt man auch (aber reichlich spät!) nach Benützen des Palüdliftes und einer Abfahrt auf der rechten, südlichen Piste. An den Unteren Zalimalpen vorbei zur Unteren Brüggelealpe. Von dort am besten auf dem Alpweg über die bewachsene, sehr steile Stufe zur oberen Alpe (1704 m). Etwas nach rechts und in einen kleinen Kessel unter den Steilhängen. Nach Westen durch eine ideale Mulde, anschließend über den äußerst steilen Hang zum Nordgrat und im bald erstaunlich weitem Gelände auf den Gipfel.

57 Windeggerspitze (2331 m)

Auch der nordöstliche, fast gleich hohe Nachbar des Blankuskopfs ist ein interessanter, aber noch steilerer Grasberg, bei dem ein stabiler Firn entsprechend wichtiger ist, um die rassigen, teilweise glatten Südosthänge ohne Bedenken zu befahren. Die Route: Aus dem oben erwähnten Kessel geht es halbrechts sehr steil empor, dann nach rechts auf die Geländekante oberhalb von Punkt 2032 (Foppakopf). Gerade über Steilgelände zum Gipfel, evtl. das obere Stück zu Fuß.

Oberzalimkopf

(2340 m) Aussichtswarte vor dem Panüeler

Touren-Steckbrief

Aufstiegszeit: Gut 4 Std. von Brand.

Abfahrt: Maximal 1240 Hm, interessante, teilweise steile Hänge und Rücken im oberen Teil, dann bequemes Tal und schließlich Piste.

Lawinengefahr: Teilweise sehr steiles Gelände, sichere Verhältnisse wichtig.

Himmelsrichtung: Nordost- und ostseitig.

Gipfelaufbau: Oberer Grat meist zu Fuß.

Stützpunkt: Unterwegs keiner (in der Oberzalimhütte des DAV gibt es keinen Winterraum).

Ausgangspunkt: Von der Autobahn-Ausfahrt Brandnertal 8 km auf teilweise kurvenreicher Bergstraße nach Brand (1037 m), Ferienort im gleichnamigen Tal. Start im Süden des Ortes an der Talstation des Palüdlifts (1060 m).

Oberzalimkopf heißt der südlichste, wenig bekannte Gipfel im langen Kamm, der westlich über Brand aufragt. Ganz nahe wachsen die Riesenflanken des Panüeler (2859 m) in den Himmel, was dem Gipfelblick seinen besonderen Reiz verschafft.

Die Tour Zwischen den teilweise ziemlich steilen Flanken des Oberzalimkopfs zieht der Ostrücken gegen den Gipfelgrat empor, der offensichtlich extra für die Skifahrer geschaffen wurde. Er bietet eine pfiffige Abfahrt für Könner, die unterhalb in schönes, jetzt einfaches Gelände übergeht. Das letzte Abfahrtsstück ist Piste.

Aufstieg durch das Zalimtal Vom Parkplatz auf der Piste oder auf dem Alpsträßchen bis in 1220 m Höhe. Nun auf dem Fahrweg nach links über eine Brücke und durch die Hänge hinüber ins Zalimtal in nun unberührtem Gelände. Hierher auch (aber reichlich spät!) nach Benützen des Palüdliftes und einer Abfahrt auf der rechten, südlichen Piste. Problemlos auf dem weiten Boden einwärts bis in den Talschluß, von dem aus sich ein Riesenhang gegen Wildberg und Panüeler hinaufzieht. Um einer Stufe auszuweichen, in der Mitte des Hanges bis auf 1800 m Höhe, dann nach rechts hinaus zur geschlossenen Oberzalimhütte. Zur nahen Alpe und nach Westen auf den deutlichen Rücken. Stets auf ihm zum Hauptkamm bei einer Lücke mit auffallendem Türmchen. Über den noch hohen Grat zu Fuß (bei besten Bedingungen mit Skiern) und auf den Gipfel.

59 Douglaßhütte (1976 m)

Fahrt zur Hütte oder langer Anstieg

Touren-Steckbrief

Aufstiegszeit: Bergfahrt oder 3 Std. aus dem Brandnertal.
Abfahrt: Maximal 920 Hm, mit sehr anspruchsvoller Einfahrt, einem herrlichen Steilhang, dann Fahrt durchs Tal, teilweise flach.
Lawinengefahr: Beste Verhältnisse unbedingt notwendig.
Himmelsrichtung: Nordost- bis nordwestseitig.
Stützpunkt: Douglaßhütte (1976 m), ÖAV, 140 Schlafplätze, bewirtschaftet etwa ab Pfingsten, sonst Winterraum, Tel. 05559/206.
Ausgangspunkt: Von der Autobahn-Ausfahrt Brandnertal 8 km auf teilweise kurvenreicher Bergstraße nach Brand (1037 m), Ferienort im gleichnamigen Tal. Start im Süden des Ortes am der Palüdlift (1060 m). Oder etwa ab Pfingsten Weiterfahrt bis zur Hütte.

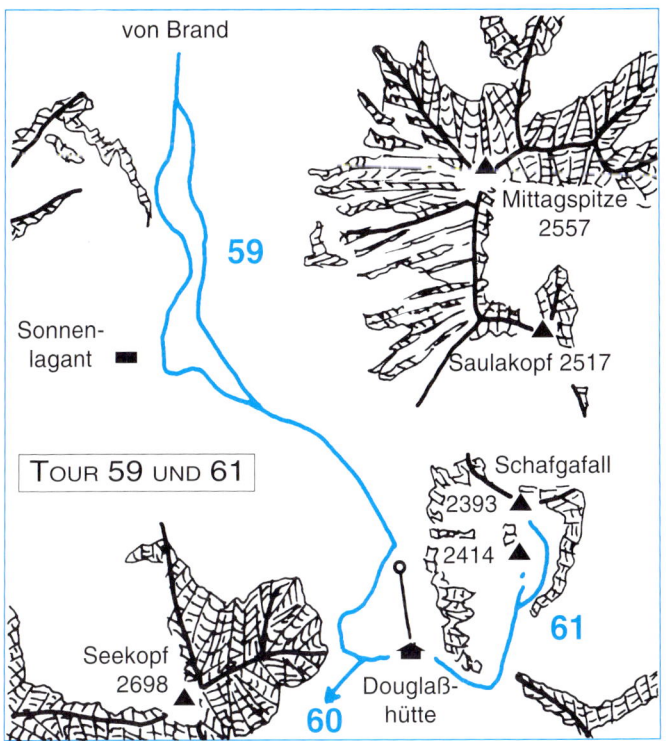

von Brand

59

Sonnen-
lagant

Mittagspitze
2557

Saulakopf 2517

TOUR 59 UND 61

Schafgafall

2393

2414

61

Seekopf
2698

Douglaß-
hütte

60

Auf der Nordstaumauer des Lünersees liegen – in einem Gebäu-
de zusammengefaßt – die Bergstation einer Seilbahn und ein
Alpenvereinshaus. Die Douglaßhütte mit ihren vielen Touren-
möglichkeiten ist leider erst ab Pfingsten geöffnet. Wer das
Gebiet schon im Frühjahr besuchen will, ist auf den Winterraum
angewiesen, den der Staumauerwärter betreut.

Die Tour   Gäbe es nicht die Steilstufe mit dem »Bösen Tritt«,
wäre der Zugang aus dem Brandnertal zum Lünersee eine Tour
wie viele in den Zentralalpen, die zudem eine interessante, teil-

weise rassige Abfahrt bietet. Doch diese felsdurchsetzte Stufe unter den Riesenflanken des Seekopfs kann vereist sein und dadurch gefährlich werden. Etwa ab Pfingsten sind Straße und Seilbahn wieder in Betrieb, und man kann bis zur Hütte fahren.

Aufstieg durch das Laganttal Vom Parkplatz am besten stets auf der verschneiten Straße immer westlich über dem Bach talein, dann über die Gletscherbachbrücke nach links und um einen Rücken ins Seetal. Im Talboden (die Straßenkehre abschneiden) und an der geschlossenen Schattenlaganthütte vorbei in den Talschluß mit der Seilbahnstation. Nun schräg rechts über den Riesenhang in eine steile Mulde und hinauf bis an den Felsfuß (linker, oberer Winkel). Von dort wie der Sommerweg quer über die Wasserrinne (Böser Tritt) und sehr steil weiter aufwärts; schließlich nach links zur Hütte.

Man kann auch bald nach dem Start bei einer Kapelle den Bach nach links überschreiten und auf der anderen Talseite etwas direkter ins Seetal gelangen.

60 Schesaplana (2965 m)

Hauptgipfel des Rätikon

Touren-Steckbrief

Aufstiegszeit: Gut 3 Std. von der Douglaßhütte.
Abfahrt: Maximal 1000 Hm, im Gipfelbereich sehr steil, sonst ideale Mulden und Hänge.
Lawinengefahr: Typische Tour für stabilen Firn.
Himmelsrichtung: Meist ostseitig.
Gipfelaufbau: Bei guten Bedingungen mit Skiern bis auf den Gipfel.
Stützpunkt: Wie Ausgangspunkt.
Ausgangspunkt: Douglaßhütte (1976 m), siehe Route 59.

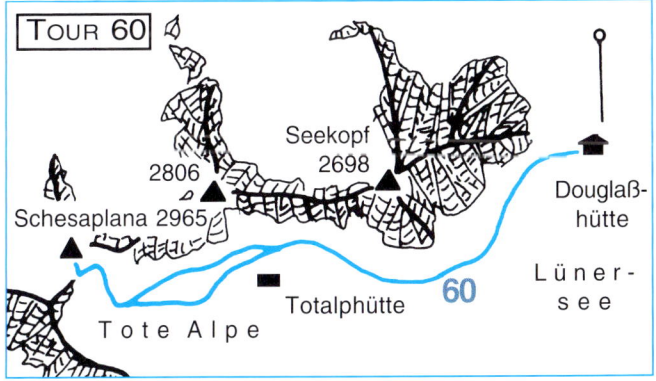

Die Schesaplana ist ein echter Häuptling. Sie ragt gewaltig über alle Nachbarn empor, erst weit im Osten gibt es mit den Silvrettabergen höhere Gipfel. So genießt man einen besonders weitreichenden Blick mit manchem berühmten Schweizer Gebiet wie Bernina, Rheinwald, Tödi, Glärnisch … An ganz klaren Tagen gehören selbst die Berner und Walliser Alpen zum Panorama!

Die Tour   Der Hauptgipfel des Rätikon zählt zu den stolzesten Bergen in diesem Büchlein. Meist unternimmt man (wegen der Zufahrt) diese große Bergtour erst zu Pfingsten. Dann reicht der Schnee oft noch – zumindest in Streifen – bis zum Lünersee herab. Bei gutem Firn lassen sich die beiden Steilstufen meist ohne Probleme meistern. Bei hartgefrorenem Gelände jedoch ist schon mancher über Pickel oder Steigeisen froh gewesen. Wegen der reinen Ostlage sollte man früh aufbrechen.

Aufstieg vom Lünersee   Von der Douglaßhütte am Westufer des Sees entlang bis einige Minuten hinter die auffallende Halbinsel. Jetzt über die Südhänge des Seekopfs schräg nach Westen empor auf einen Geländeabsatz (2123 m) und durch die Bachmulde zum Totalpsee (links oben die meist noch geschlossene Totalphütte). Nun entweder lange Zeit im tiefsten Tälchen, das im oberen Teil recht steil wird, oder weiter südlich über die welligen Flächen der Toten Alpe bis auf 2700 m (über der Zoll-

ligen Flächen der Toten Alpe bis auf 2700 m (über der Zoll-
wachthütte). Südöstlich unter dem Schesaplana-Gipfel ist ein
kleines, markantes Hochkar eingelagert. Man erreicht es durch
eine enge, leicht felsdurchsetzte Steilmulde. Dann in diesem
Minikar nach Westen empor und schließlich äußerst steil (evtl.
zu Fuß) von rechts nach links auf den Südostgrat und wieder
einfacher zum Kreuz hinauf.

*Blick aus dem Brandnertal auf die Schesaplana, den höchsten Gipfel des
Rätikon. Links daneben die beiden Zirmenköpfe.*

Schafgafall (2414 oder 2393 m)

Steile Firntour abseits des Üblichen

61

Touren-Steckbrief

Aufstiegszeit: 1 1/2 Std. von der Douglaßhütte.
Abfahrt: 420 Hm; pfiffige, aber sehr steile und anspruchs-volle Strecke für Firn.
Lawinengefahr: Nur für ganz stabilen Schnee geeignet.
Himmelsrichtung: Meist südseitig.
Gipfelaufbau: Mit Skiern bis auf den Nordgipfel.
Stützpunkt: Wie Ausgangspunkt.
Ausgangspunkt: Douglaßhütte (1976 m), siehe Route 59.

Den lustigen Namen Schafgafall trägt der Doppelgipfel, der im Osten unmittelbar über der Douglaßhütte aufragt. Von dieser Seite sieht er ganz unnahbar aus, ins Seetal schickt er sogar eine 800 m hohe, »lawinenspuckende« Steilflanke hinab. Die Ski-möglichkeiten verstecken sich auf der Südseite.

Die Tour Am Südgipfel ziehen zwar Grasflächen bis zum höchsten Punkt hinauf; hier ist das Gelände jedoch allzu steil. Deshalb besteigt man besser den um 21 m niedrigeren Nord-gipfel über seine herrlichen Böden. Das Ganze bildet einen kur-zen, aber originellen Abstecher für Könner bei sicherem Firn.

Aufstieg vom Lünersee Vom Ostende der Staumauer aus schräg rechts empor auf einen Geländeabsatz und unter den Felsen hindurch ins folgende Kar. Nun gleich links durch eine steile, 130 m hohe Rinne in die abschließende Lücke. Wenige Meter durch die Flanke auf den Rücken und über ihn 70 Hm auf-wärts Richtung Südgipfel (den man evtl. von hier halb mit Skiern, halb zu Fuß besteigen kann). Nun rechts quer durch den kurzen, aber sehr steilen Hang auf den folgenden Boden und in Idealgelände zum Nordgipfel.

62 Wannaköpfle (2032 m)
Das einsame Massiv über Bartholomäberg

Touren-Steckbrief

Aufstiegszeit: 3 Std. von Bartholomäberg.
Abfahrt: 950 Hm, einfaches Gelände mit freien Wiesen und Lichtungen, kaum Wald.
Lawinengefahr: Bei guter Spur ganz zu vermeiden.
Himmelsrichtung: Meist südseitig.
Gipfelaufbau: Mit Skiern bis auf den harmlosen Gipfel.
Stützpunkt: Unterwegs keiner.
Ausgangspunkt: Von St. Anton im Montafon 5,5 km oder von Schruns 4,5 km auf teils kleinen, teils guten Straßen nach Bartholomäberg (1087 m); Parkplatz gleich östlich der Kirche.

Nördlich von Schruns ragt ein breites, ganz isoliertes Massiv auf, das über den Kristbergsattel mit dem Verwall zusammenhängt. Es gipfelt im Itonskopf (2089 m), der als felsiger Kegel deutlich aus dem sonst eher sanften Gebiet herausragt. Nach Südwesten schließt eine ganz Reihe auffallend runder Buckel an, die man Wannaköpfle nennt.

Die Tour Dreierlei spricht für diese wenig bekannte Bergfahrt: Während des gesamten Aufstiegs genießt man allerschönste Rätikon-Aussicht mit Zimba und Drusentürmen als Blickfang, die Route läßt sich auch bei ungünstigen Bedingungen begehen, und die Abfahrt macht Spaß. Das Problem: In diesen reinen Südhängen verdirbt die Sonne rasch den Schnee.

Zum Wannaköpfle startet man in Bartholomäberg hoch über dem Montafon. Im Hintergrund Zimba und Saulakopf.

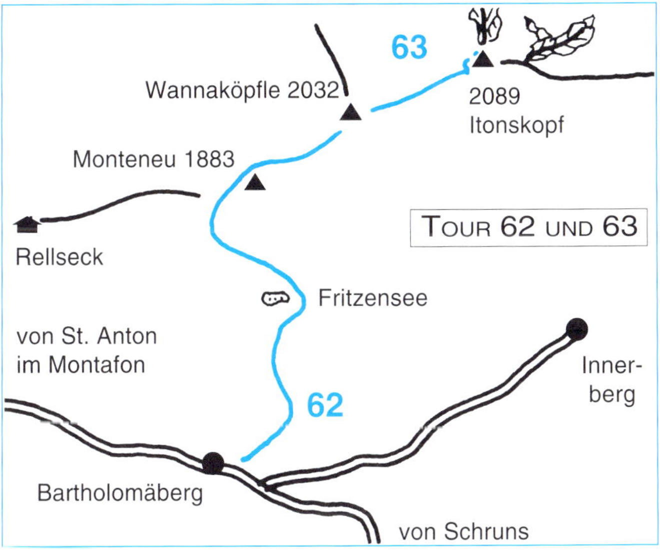

63

Wannaköpfle 2032

2089
Itonskopf

Monteneu 1883

Rellseck

TOUR 62 UND 63

Fritzensee

von St. Anton
im Montafon

Inner-
berg

62

Bartholomäberg

von Schruns

Aufstieg über Monteneu Vom Parkplatz gerade aufwärts, links an einigen neuen Häusern vorbei, dann etwas nach rechts auf die erste Stufe, auf der verstreut weitere Häuser liegen. Den folgenden Wald umgeht man links und steigt dann wieder gerade über ideale Wiesen zum Waldrand beim Fritzensee empor. Auf dem oberen Fahrweg einige Minuten nach rechts, dann schräg links durch eine Folge von Lichtungen und in der gleichen Richtung weiter in nun wieder freierem Gelände bis auf 1700 m Höhe. Jetzt hinauf zum weiträumigen Kamm (nicht zu früh nach oben!). Am Monteneu unmittelbar links vorbei, dann durch flaches, welliges Gelände, schließlich durch eine längere Mulde auf den nach Südwesten vorspringenden und dadurch auffälligsten Gipfel der Wannaköpfle.

63 **Itonskopf (2089 m)** Bergsteiger lockt evtl. noch der markante Hauptgipfel des Massivs. Von den Wannaköpfle erreicht man mit etwas Auf und Ab mühelos den Gipfelaufbau, über den man sehr steil, schließlich zu Fuß (nur bei guten Verhältnissen möglich) den höchsten Punkt erreicht. 40 Min.

Blick über das Montafon auf die Tschaggunser Mittagspitze, die sich von Tschagguns aus mit Skiern besteigen läßt (anspruchsvolle Tour).

Golmer Kreuzjoch **64**

(2261 m) Schwelgen in Pulverschneehängen

Touren-Steckbrief

Aufstiegszeit: 1 1/4 Std. von der Golmerbahn.
Abfahrt: 1260 Hm, davon 450 Hm auf sehr schönen, geschützten Tiefschneehängen, dann Pisten.
Lawinengefahr: Bei extremen Bedingungen sind die Nordosthänge gefährlich.
Himmelsrichtung: Nordseitig, Piste meist ostseitig.
Gipfelaufbau: Mit Skiern bis zum höchsten Punkt.
Stützpunkt: Unterwegs keiner.
Ausgangspunkt: Von Tschagguns im Montafon 4 km auf guter Straße nach Latschau mit großem Speichersee und Talstation der Golmerbahnen (994 m).

Das Osteck des Bergkamms, der zwischen Gauer- und Rellstal aufragt, wird durch die Golmer Bahnen und Lifte erschlossen. Von dort zieht ein anfangs relativ sanfter Rücken nach Westen und Südwesten, der als höchsten Punkt das Kreuzjoch trägt. Wegen der Vielzahl ähnlicher Bezeichnungen hat man diesen Gipfel mit dem »Vornamen« Golmer versehen.

Die Tour Es gibt nur wenige Berge, die sich so rasch besteigen lassen und dabei mit einer so großartigen Aussicht begeistern; vor allem die Drusentürmen ganz nahe im Süden bieten einen tollen Anblick. Aber auch die Skifahrer schwärmen von den makellosen Nordhängen, über die man wieder ins Pistengebiet gelangt. Auf interessanten, meist anspruchsvollen Routen ließe sich mancher Berg der Region – Geißspitze, Öfakopf, Verakopf – von hier aus erreichen.

Aufstieg vom Golmerjoch Mit den Golmerbahnen II und III und dem anschließenden Schlepplift auf das Grüneck (2085 m) am Golmerjoch, dessen höchsten Punkt (2124 m) man rasch zu

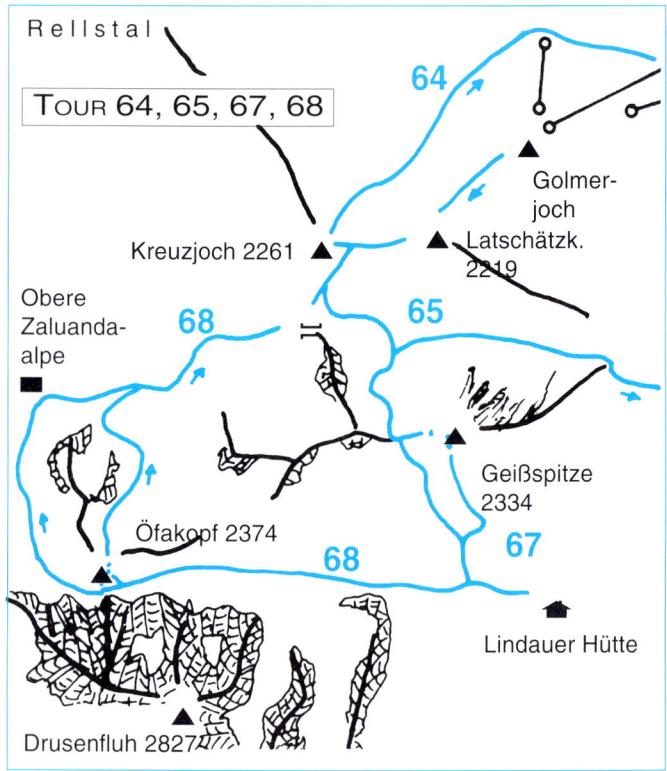

Rellstal

TOUR 64, 65, 67, 68

64

Golmer-
joch

Kreuzjoch 2261

Latschätzk.
2219

Obere
Zaluanda-
alpe

68

65

Geißspitze
2334

Öfakopf 2374

68

67

Lindauer Hütte

Drusenfluh 2827

Fuß erreicht. Über den Kamm nur mäßig abwärts in den folgenden Sattel und über den ausgeprägten Grat zum Latschätzkopf
(2219 m). Wieder nur wenig abwärts in eine weitere Scharte, dann
über den Kamm auf eine Schulter und steiler zum Gipfel.

Abfahrt Über den herrlichen, mittelsteilen Nordosthang
hinab auf die ersten Böden (Varianten möglich). Man hält sich
dann stets etwas nach rechts, um unterhalb des äußerst steilen
Hangs von Punkt 2036 nach rechts querend Außergolm mit dem
Lift zu erreichen. Weiterfahrt auf den Pisten.

Geißspitze – von Norden **65**
(2334 m)   Rasant steile Hänge und Kare

Touren-Steckbrief

Aufstiegszeit: Insgesamt 3 oder 2 Std.

Abfahrt: 1560 bis 1730 Hm, an der Geißspitze steile Nord-mulden.

Lawinengefahr: Nur bei ganz sicheren Bedingungen.

Himmelsrichtung: An der Geißspitze rein nordseitig.

Gipfelaufbau: Evtl. mit Skiern bis zum Gipfel.

Stützpunkt: Unterwegs keiner.

Ausgangspunkt: Von Tschagguns im Montafon 4 km auf guter Straße nach Latschau mit großem Speichersee und Tal-station der Golmerbahnen (994 m).

Genau im Süden des Golmerkammes und unmittelbar vor dem Drusenmassiv ragt dieser oft verlockend weiße Berg auf. Er fällt mit bis zu 700 m hohen Steilflanken nach Osten und Nordosten ab.

Die Tour In die ebenfalls steilen Nordhänge des Kammes, der von der Geiß- zur Kreuzspitze zieht, sind schöne Mulden ein-gelagert, die bei sicherem Schnee ungetrübte Abfahrtsfreuden bieten. Das ist eine ideale Ergänzung zu Tour 64 (zusätzlich 2 Std. Aufstieg). Eine Abfahrt ins Gauertal ist ebenfalls möglich, aber nicht ungefährlich.

Zugang vom Golmerjoch aus Wie beim Kreuzjoch beschrie-ben, auf den Latschätzkopf und noch in die folgende Scharte. Jetzt – sich anfangs etwas rechts haltend – Abfahrt nach Süden auf einen breiten Absatz und nach Südosten ins Tälchen auf 1930 m Höhe. Nun Aufstieg nach Südwesten durch schöne Mulden mit steilen Stufen in ein Kar und nach links auf die nächst-höhere Karstufe. Wenn es die Verhältnisse erlauben, auf sehr steilen Rampen nördlich des Grates und über eine kurze Stufe auf den Gipfel. Oder ebenfalls sehr steil aus dem oberen Karboden zum Westgrat und über ihn.

Abfahrten Über die Nordmulden wieder ins Tälchen hinab. Nun entweder (lohnender) längs der Spuren wieder hinauf zum Grat. Von dort auf das nahe Golmer Kreuzjoch und Abfahrt wie bei Route 64. Oder ins Gauertal: Durchs Tälchen hinab zur Latschätzalpe und rechts des Baches hinaus zum Geländerücken. Schräg rechts durch äußerst steiles, lawinengefährdetes Gelände in den Bereich der Unteren Sporaalpe und durchs Gauertal hinaus nach Latschau.

66 Lindauer Hütte
(1744 m) Der Stützpunkt für den Drusenturm

Touren-Steckbrief

Aufstiegszeit: 3 Std. von Latschau.
Abfahrt: 740 Hm durch ein langes Tal.
Lawinengefahr: Einige Lawinenstriche.
Himmelsrichtung: Nach Nordosten geöffnetes Tal.
Stützpunkt: Lindauer Hütte (1744 m), DAV, 160 Schlafplätze, geöffnet um Weihnachten und um Ostern, geräumiger Winterraum, Tel. im Tal 05556/72057.
Ausgangspunkt: Von Tschagguns im Montafon 4 km auf guter Straße nach Latschau (994 m) mit großem Speichersee und Talstation der Golmerbahnen; Parkplatz zwischen den Häusern.

Diese Alpenvereinshütte steht in einem ungewöhnlich malerischen Talkessel. Die bizarr geformten Drei Türme (Drusentürme) gehören zu den markantesten Berggestalten überhaupt. Trotz der so eindrucksvollen Touren ist die Hütte nur um Weihnachten (oft zu früh für die großen Ziele) und um Ostern bewirtschaftet.

Die Tour Der übliche Hüttenanstieg führt, wie bei den meisten Stützpunkten in den Zentralalpen, recht problemlos durch ein langgestrecktes Tal. Ist der Rucksack nicht zu schwer und herrschen wirklich zuverlässige Bedingungen, dann kann man die Bahnen zum Golmerjoch nützen, um über Latschätzkopf und Geißspitze das Ziel – auf sehr anspruchsvolle Weise – zu erreichen. Die Tour setzt sich aus den Routen 65 und 67 zusammen.

Aufstieg durch das Gauertal Zwischen den Häusern von Latschau auf dem bald ganz schmalen Fahrweg hinein ins Gauertal zu einer Verzweigung. Üblicher Weiterweg: Über die Rasafeibachbrücke auf die andere Seite und auf dem während der Bewirtschaftungszeit fast immer gespurten Sträßchen in freiem, meist flachen Gelände weit talein. Auf dem Fahrweg in Kehren teilweise durch Wald zur Hütte. Man kann bei der Verzweigung auch auf der westlichen Bachseite bleiben und über Gauen und die Untere Sporaalpe etwas direkter und interessanter zur Hütte ansteigen.

Bergwelt über dem Gauertal und der Lindauer Hütte: rechts die Geißspitze, dahinter die Drei Türme (Drusentürme).

67 Geißspitze – von Süden
(2334 m) Freie Steilhänge für besten Firn

Touren-Steckbrief

Aufstiegszeit: 1 3/4 Std. von der Lindauer Hütte.
Abfahrt: 600 Hm über hindernislose, aber teilweise äußerst steile Firnhänge.
Lawinengefahr: Nur bei sicherem Firn zu verantworten; früh aufbrechen.
Himmelsrichtung: Reine Südseite.
Gipfelaufbau: Mit Skiern bis zum Gipfel.
Stützpunkt: Wie Ausgangspunkt.
Ausgangspunkt: Lindauer Hütte (1744 m), siehe Tour 66.

Während im Süden der Lindauer Hütte in einem weiten Bogen ein wilder Felsgipfel neben dem anderen aufragt, besteht der kleine Kamm nördlich des Stützpunktes fast ganz aus Grasbergen, die ein fast makelloses Weiß zeigen. Der markante östliche Eckpfeiler dieses Grates ist die Geißspitze.

Die Tour Vorsicht – diese so verlockend leuchtenden Hänge sind äußerst steil; man sollte sie deshalb nur bei ganz sicheren Verhältnissen betreten. Doch bei einem leichten Firn findet man hier eine wahrlich spannende, rassige Abfahrt. Faszinierend zudem der Blick auf die ganz nahen Drusentürme! Nordanstieg zur Geißspitze siehe Route 65.

Aufstieg von Süden Von der Lindauer Hütte hinüber zur Oberen Sporaalpe. 170 Hm gerade empor. Nun zwei Möglichkeiten: Entweder – zwischenzeitlich äußerst steil – weiterhin gerade aufwärts (die flachsten Stellen nützend) in ein Hochkar. Aus ihm nach links oben hinaus, dann schräg rechts zum Westgrat und auf den Gipfel. Oder schräg nach rechts auf einen

Absatz im Südsüdostrücken und, sich etwas rechts haltend, an ihm entlang auf einen Vorgipfel. Über die scharfe Schneide zum höchsten Punkt.

Öfakopf (2374 m)

Spritztour oder große Rundfahrt

Touren-Steckbrief

Aufstiegszeit: Gut 2 Std. von der Lindauer Hütte.
Abfahrt: 550 Hm durch ein freies, langgestrecktes Tal.
Lawinengefahr: Viele Lawinenstriche!
Himmelsrichtung: Nach Osten geöffnetes Tal, in dem man meist die Sonnenhänge befährt.
Gipfelaufbau: Steile Hänge zu Fuß, bei guten Bedingungen jedoch ohne Schwierigkeiten.
Stützpunkt: Wie Ausgangspunkt.
Ausgangspunkt: Lindauer Hütte (1744 m), siehe Tour 66.

Von der Geißspitze, die im Norden steil über der Lindauer Hütte steht, zieht ein Grat mit drei wenig auffallenden Gipfeln nach Westen. Die letzte, deutlich abgerundete Erhebung in diesem Kamm ist der Öfakopf, dessen Name und Höhenangabe auf vielen Karten fehlt.

Die Tour Der Zugang durch das Sporatal bereitet kaum Schwierigkeiten, aber er sollte deswegen nicht geringgeachtet werden. Einerseits ist die Tour wegen der teilweise äußerst steilen Hänge oberhalb nicht ganz ungefährlich, andererseits bilden die wilden Felsabbrüche der Drusenfluh (2827 m), die man unmittelbar über sich hat, eine einzigartige Landschaft. Öfapaß und Öfakopf bieten aber auch eine elegante, spannende Möglichkeit, um von der Hütte nach Latschau zurückzukehren.

Auf der wenig bekannten Abfahrt vom Öfakopf nach Norden.

Aufstieg durch das Sporatal Von der Lindauer Hütte hinüber zur Oberen Sporaalpe. Dann nördlich des Bacheinschnitts im Sporatal (auf der Karte irrtümlich Sporatobel) nach Westen und weiter in der nun breiteren Mulde in den Talschluß. Steil in den Öfapaß (2291 m) und zu Fuß über die stumpfe, oft abgeblasene Kante zum runden Gipfel. Bei ganz idealen Bedingungen kann man auch aus dem letzten Kessel äußerst steil zum oberen Nordostgrat ansteigen; das schafft eine etwas längere Abfahrt.

Die große Rundtour Dies ist eine ausgefallene, oft einsame Route mit zwei herrlichen Zusatzabfahrten. Man kann direkt vom Öfapaß in einem weiten Bogen zur Oberen Zaluandaalpe abfahren. Noch eindrucksvoller ist folgende Route: Vom Öfapaß zum Öfakopf die Skier mitnehmen (oder über die Südost-Steilhänge aufsteigen). Drüben evtl. noch ein Stück absteigen, dann schöne Abfahrt über den anfangs steilen Nordhang in einen ersten Kessel. Immer gerade über Idealhänge hinab auf den Boden von Großzerneu. Mit einem nach Westen ausholenden Bogen ins Tal (1850 m) vor der Oberen Zaluandaalpe. Diesseits des Bachs bleibend schräg aufwärts zu einem ersten und einem zweiten Absatz. Nach Norden um ein steiles Eck auf den folgenden Boden. Achtung – nicht zu hoch in die Hänge! Nach Nordosten, dann nach Osten ins Hätabergerjoch und hinauf auf das Kreuzjoch (2261 m). Abfahrt auf Route 64. – Aufstiege insgesamt 3 1/2 Std., Abfahrten zusammen 1760 Hm.

Großer Drusenturm 69

(2830 m) Traumabfahrt durch den Sporatobel

Touren-Steckbrief

Aufstiegszeit: 3 1/2 Std. von der Lindauer Hütte.
Abfahrt: 1100 Hm, davon 600 Hm steile Hänge in geschützten Nordmulden.
Lawinengefahr: Beste Bedingungen nötig.
Himmelsrichtung: Nord- und ostseitig.
Gipfelaufbau: Mit Skiern bis zum Gipfel.
Stützpunkt: Wie Ausgangspunkt.
Ausgangspunkt: Lindauer Hütte (1744 m), siehe Tour 66.

Das auffallendste und formschönste Massiv im Hauptkamm des Rätikon sind die Drei Türme, auch Drusentürme genannt. Während die Südseite mit glatter Wandflucht abstürzt, ist der Norden ungewöhnlich stark und malerisch gegliedert, eine rasche Folge von senkrechten Abbrüchen, Türmen, messerscharfen Kanten, Steilkaren, Absätzen …

Die Tour   Die Sporatobel-Abfahrt ist das Nonplusultra einer Rätikon-Skitour. Dieses schmale, gewundene Nordkar, das vom kecken Sporaturm bewacht wird, bietet einen 600 m hohen Superhang in eindrucksvollster Felslandschaft. Man mag es kaum glauben: Dem Großen Turm, dem dritthöchsten Berg im Rätikon, kann man mit Skiern bis aufs Haupt steigen, obwohl der Gipfel scheinbar in alle Richtungen senkrecht abbricht. Es handelt sich jedoch um eine anspruchsvolle Unternehmung, ausschließlich für beste Bedingungen geeignet.

Aufstieg durch den Sporatobel   Von der Lindauer Hütte hinüber zur nahen Oberen Sporaalpe, über den weiten Boden nach Westen ins Sporatal und auf der rechten Seite bis in 1950 m

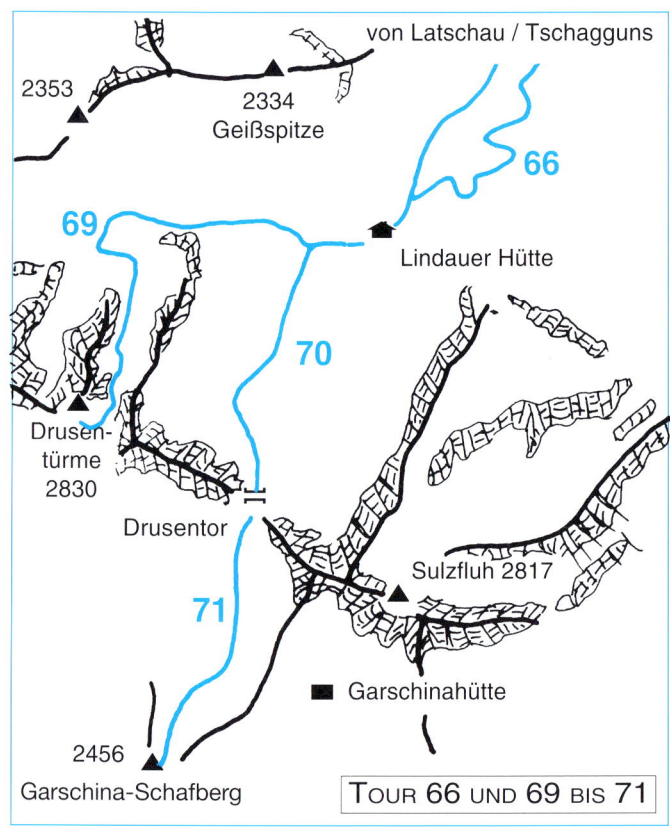

von Latschau / Tschagguns

2353

2334
Geißspitze

66

69

Lindauer Hütte

70

Drusen-
türme
2830

Drusentor

Sulzfluh 2817

71

Garschinahütte

2456

Garschina-Schafberg

TOUR 66 UND 69 BIS 71

Höhe ansteigen. Jetzt über den Bach nach Süden, bald jedoch nach Südosten in den »Tiergarten«. Man steht nun unter dem Sporatobel. In der breiten Steilmulde weit empor auf einen kleinen Karboden, dann von links nach rechts über eine besonders steile Stufe bis unter den Grat. Noch vor ihm rechts abbiegend über einen kleinen Aufschwung zur Schulter am Mittleren Turm und hinüber zum Hauptgipfel.

Das interessanteste Massiv des Rätikon: Drusenfluh (rechts; direkt davor die Geißspitze) und Drei Türme mit der Sporatobel-Abfahrt.

70 Drusentor (2343 m)

Makellose, nordseitige Steilhänge

Touren-Steckbrief

Aufstiegszeit: 2 Std. von der Lindauer Hütte.
Abfahrt: 600 Hm über herrliche, kräftig geneigte Nordhänge; noch steilere Varianten möglich.
Lawinengefahr: Sichere Bedingungen wichtig.
Himmelsrichtung: Fast reine Nordseite.
Stützpunkt: Wie Ausgangspunkt.
Ausgangspunkt: Lindauer Hütte (1744 m), siehe Tour 66.

Zwischen den gewaltigen Felsmassiven von Drusen- und Sulzfluh ist eine auffallend tiefe Scharte eingeschnitten, das Drusentor. Den Sattel überragen markante Felszacken; daher rührt wohl die Bezeichnung »Tor«. Über den Kamm verläuft die österreichisch-schweizerische Grenze.

Die Tour Auch wenn das Drusentor nur eine Art Spritztour darstellt, findet man hier doch eine der eindrucksvollsten Abfahrten Vorarlbergs. Ohne jedes Flachstück ziehen die teilweise recht steilen Nordhänge hinab zur Sporaalpe. Sind die Verhältnisse ideal, kann man auch den glatten Riesenhang weiter östlich befahren.

Aufstieg von Norden Von der Lindauer Hütte aus vor der Oberen Sporaalpe nach Süden erst bequem, dann steil empor (rechts an einem runden Geländevorsprung vorbei) und auf einen etwas flacheren Absatz in 2000 m Höhe. Nun entweder sehr steil noch gerade 150 Hm höher und dann schräg nach links in ein Tälchen. Oder weiter östlich, sich links an eine kaum ausgeprägte Rippe haltend, dorthin. Am Ende des Tälchen wieder sehr steil in das Tor. Überraschender Blick nach Süden!

Garschina-Schafberg **71**
(2456 m) Abstecher in die Schweiz

Touren-Steckbrief

Aufstiegszeit: Insgesamt 4 Std. Aufstieg in drei Abschnitten.
Abfahrt: Drei Abfahrten mit insgesamt 1200 Hm über hindernislose, teilweise aber recht steile Hänge.
Lawinengefahr: Beste Bedingungen unbedingt nötig.
Himmelsrichtung: Zwei Nord- und eine kurze Südabfahrt.
Gipfelaufbau: Bei guten Bedingungen bis auf den Gipfel mit Ski.
Stützpunkt: Wie Ausgangspunkt.
Ausgangspunkt: Lindauer Hütte (1744 m), siehe Tour 66.

Südlich des Drusentors ragt – schon weit auf Schweizer Boden – ein mittelhoher Berg auf, der oft mit seinem makellosen Weiß besticht. Das ist einer der vielen Schafberge der Region, den man daher als Garschina-Schafberg bezeichnet.

Nahe an seinem Nordostgrat-Fuß liegt die Garschinahütte des SAC (2236 m, nur Winterraum), ein architektonisches Schmuckstück.

Die Tour   Steile Berge, die ganz mit Gras überzogen sind, wirken aus der Ferne durch ihr reines Weiß oft zu flach und harmlos. So bietet auch der dreieckige Nordhang unseres Schafbergs zwar einen begeisternden Anblick, ist aber gleichzeitig – wenn der Schnee nicht stimmt – ein gefährlicher Berg. So glatte Hänge und Gras als Unterlage »eignen« sich bestens für Lawinen.

Zugang über das Drusentor   Von der Lindauer Hütte – wie bei Tour 70 beschrieben – ins Drusentor (2343 m). Drüben in dem stark gegliederten, teilweise sanften Gelände nach Süden, also sich immer stark links haltend, in das Tälchen hinunter, das von der Garschinafurgga nach Westen zieht. In 2100 m Höhe beginnt der Gegenanstieg: Genau auf den Schafberg zu über den herrlichen, aber sehr steilen Hang empor, schließlich nach links auf die Gratkante und zum höchsten Punkt.

72 Vergalda-Schneeberg
(2588 m) Makellose Nordhänge und ein Lawinental

Touren-Steckbrief

Aufstiegszeit: Gut 3 1/2 Std. von Gargellen.
Abfahrt: 1100 Hm, waldfrei, meist über stark gegliederte, aber ideale und hindernislose Hänge, dann Schußfahrt im Tal.
Lawinengefahr: Extremes Lawinental beim Zugang.
Himmelsrichtung: Weitgehend nordseitig.
Gipfelaufbau: Bis in Gipfelnähe mit Skiern.
Stützpunkt: Unterwegs keiner.
Ausgangspunkt: Aus dem mittleren Montafon in das Seitental von Gargellen (1423 m) und durch den Ort zum Parkplatz dahinter.

Hinter den felsigen Ritzenspitzen versteckt sich dieser Berg, der nur zur Skitourenzeit Besuch erhält. Um einen einzigen Meter höher ist der felsige Zwillingsgipfel, der Valzifenzturm. Das Vergaldatal stellt ein Phänomen dar: Bis zu 700 m sind die auffallend glatten Steilhänge an der Valisera hoch, bestens geeignet für riesige Lawinen.

Die Tour Der Schneeberg wird seinem verheißungsvollen Namen voll gerecht. Der von der Form wenig auffallende Gipfel besticht, vor allem von Norden gesehen, durch ein Gewoge weißer Hänge. Hier ergibt sich eine genußreiche Abfahrt! Unterhalb folgen noch eine Stufe und ein fast waldfreies V-Tal.

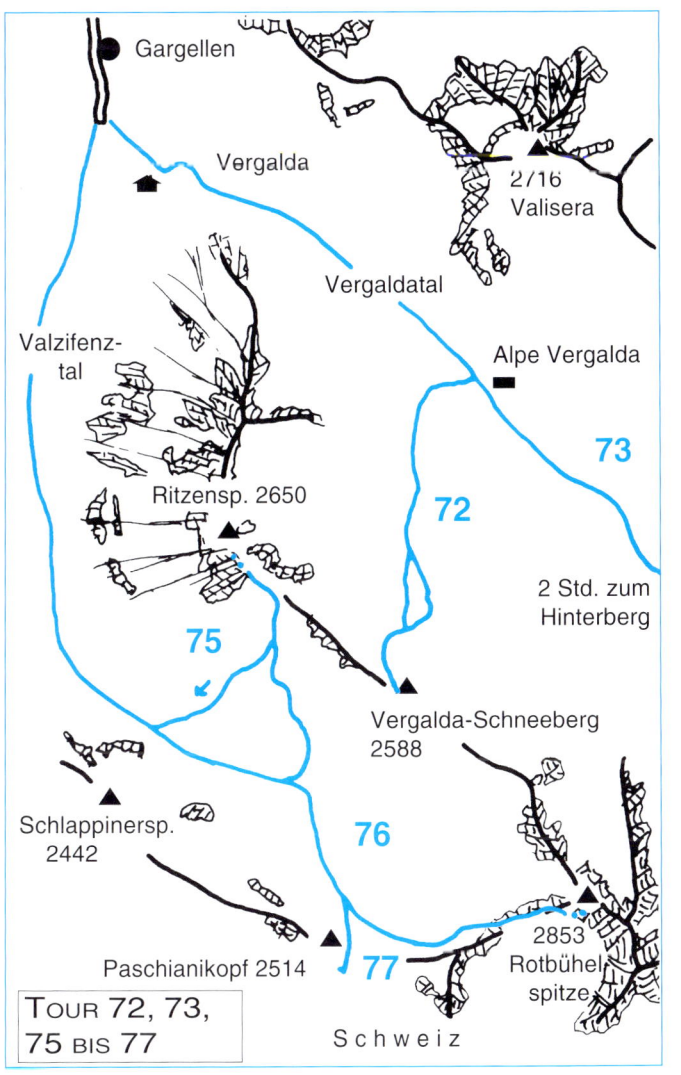

Gargellen

Vergalda

2/16
Valisera

Vergaldatal

Valzifenz-
tal

Alpe Vergalda

73

Ritzensp. 2650

72

2 Std. zum
Hinterberg

75

Vergalda-Schneeberg
2588

Schlappinersp.
2442

76

2853
Rotbühel
spitze

Paschianikopf 2514 **77**

S c h w e i z

Tour 72, 73,
75 bis 77

Aufstieg aus dem Vergaldatal Über die Wiesen links der Häuser von Vergalda gerade empor, bis man an deren Oberrand auf einen Fahrweg trifft. Auf ihm flach nach links ins Vergaldatal und meist am besten links – knapp über dem Bach – auf einer Art Rampe talein bis 200 m vor die Vergaldaalpe (bis hier extreme Lawinenstriche). Über die Brücke und rechts eines kleinen Nebenbachs wie der Sommerweg ohne Probleme über die 120-Hm-Steilstufe. Nochmals etwa 100 Hm empor, dann sobald wie möglich links und nur wenig steigend bis hinter den zweiten Bachlauf. Jetzt wieder gerade aufwärts über schöne Böden und eine etwas steilere Stufe, dann am besten links an dem Geländerücken entlang, der vom Wurmkopf (Wormakopf; auf der Österreichischen Karte falsche Höhe; richtig: 2538 m) herunterkommt – viele Varianten möglich. Dann schräg links über Absätze zum Grat und auf den Gipfel.

Dies ist ein weiteres interessantes Ziel **Hinterberg (2682 m)** **73** über dem Vergaldatal. Man erreicht allerdings erst nach langem Marsch die sehr schönen, schon anspruchsvolleren Gipfelhänge mit immerhin 600 m Höhe (4 1/2 Std. Aufstieg, insgesamt 1180 Hm Abfahrt). Die Route: Wie oben beschrieben zur Vergaldaalpe. Weiterhin links des Baches im Tal bis in den Talschluß hinter der Rotbühelhütte. Immer über die am tiefsten eingeschnittenen Böden (bei der Talgabelung halblinks), dann durch schöne Mulden und über steile Stufen in das Kar nordöstlich des Gipfels. Am Hinterbergjoch vorbei steil zum höchsten Punkt.

Unter dem Gipfel des Vergalda-Schneeberges, der mit einer ausgesprochen schönen Abfahrt ins Vergaldatal bei Gargellen aufwartet.

74 Madrisajoch (2612 m)

Einsames, von Felsen eingefaßtes Hochkar

Touren-Steckbrief

Aufstiegszeit: 3 1/2 Std. von Gargellen.
Abfahrt: Maximal 1100 Hm mit herrlichen Karböden und steilen Hängen, schließlich Schußfahrt im Tal.
Lawinengefahr: Sichere Verhältnisse nötig.
Himmelsrichtung: Ost- bis nordseitig.
Stützpunkt: Unterwegs keiner.
Ausgangspunkt: Aus dem mittleren Montafon in das Seitental von Gargellen (1423 m) und durch den Ort zum Parkplatz dahinter.

Über dem Valzifenztal dominiert die Madrisa (2770 m), ein wild-eindrucksvoller Berg aus dunklem Fels. Im Süden hinter diesem Kamm versteckt sich das einsame Gandatal, das sich nach Westen steil hinaufzieht ins Madrisajoch.

Die Tour Auch ohne Gipfel, selbst ohne Aufstieg ins Madrisajoch, lohnt sich eine Skitour in dieses weltabgeschiedene Hochkar mit seiner so beeindruckenden Umrahmung. Doch wehe dem, der hier bei zu wenig Schnee unterwegs ist: Den Talboden füllt ein Meer von teilweise gewaltigen Felsblöcken. Bei idealen Bedingungen jedoch eine hindernislose Idealabfahrt! Alpin Erfahrene können evtl. vom Joch über das steile Blockwerk der Ostflanke den **Oswaldkopf** (2682 m) im Norden des Jochs besteigen.

Aufstieg Wie bei der Rotbühelspitze (Tour 76) beschrieben, bis kurz vor die Obere Valzifenzalpe. Von dort links des Grabens 140 Hm nach Süden empor in Richtung Schlappinerjoch, dann rechts schräg aufwärts ins Gandatal (Ganda = Blockwerk). Durch

Das oberste Gandatal mit dem Madrisajoch und dem kleinen Oswaldkopf rechts daneben; links ganz gewaltig das Madrisahorn (2826 m).

die von wilden Felsen eingefaßte Hochmulde ganz nach Westen und – wenn es die Verhältnisse erlauben (wegen der Ostlage ist besondere Vorsicht geboten) – über den bald recht steilen Hang ins Joch empor. Überraschender Blick nach Westen!

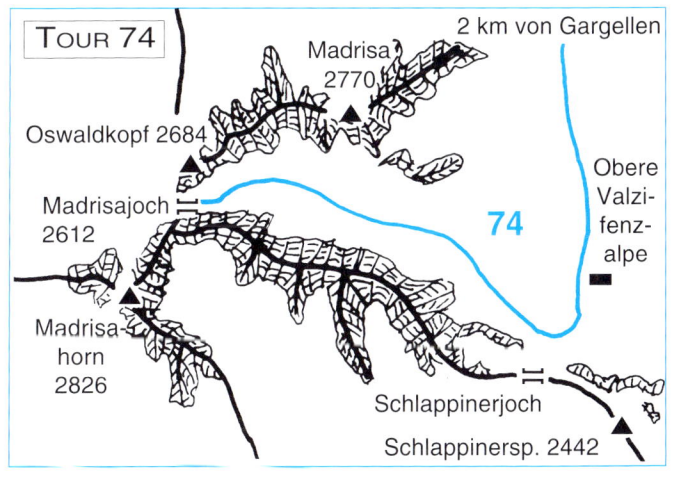

75 Ritzenspitzen (2650 m)

Blickfang über Gargellen

Touren-Steckbrief

Aufstiegszeit: Knapp 4 Std. von Gargellen.
Abfahrt: 1100 Hm, mit drei Möglichkeiten zwischen mittel-steil und einem Riesensteilhang.
Lawinengefahr: Auf allen Routen beste Verhältnisse not-wendig.
Himmelsrichtung: Süd- und südostseitig (oder nordseitig).
Gipfelaufbau: Das letzte Gratstück zu Fuß, meist problemlos.
Stützpunkt: Unterwegs keiner.
Ausgangspunkt: Aus dem mittleren Montafon in das Sei-tental von Gargellen (1423 m) und durch den Ort zum Park-platz dahinter.

In dem schmalen Kamm, der zwischen den Tälern von Valzifenz und Vergalda aufragt, stehen vier Gipfel, von denen der äußers-te, die Ritzenspitzen, am höchsten aufragt. Malerische Zacken im Grat und bis zu 1000 m hohe, felsdurchsetzte Steilflanken machen ihn zum Wahrzeichen des Wintersportortes Vergalden.

Die Tour Dieser wilde Berg mit seinen »lawinenspuckenden« Flanken sieht völlig unerreichbar für Skitourengeher aus. In Wirk-lichkeit jedoch ziehen nicht weniger als drei wirklich lohnende Abfahrten in die umliegenden Täler, zwei mittelsteile und eine schwierige Strecke für Könner. Sie führt über den äußerst stei-len, 500 m hohen Südwesthang, den man nur bei bestem Firn berühren wird.

Aufstieg durch das Wintertal Vom Parkplatz auf der Pisten-trasse nach Süden und im Valzifenztal teilweise flach zur Obe-ren Valzifenzalpe beim Talknick. Nun nach Südosten im engen Wintertal (Lawinenstriche!) gut 200 Hm aufwärts, dann links des

Einschnitts über die abschließende Stufe zum Beginn weiter Böden. Gleich hier nach Norden über einen Aufschwung, dann – sich stark links haltend – über Absätze und ganz kurze Steilstufen in die kleine Mulde am Fuß des Palmtaljochs. Über einen glatten, steilen Hang ins Joch (2485 m). Am erst schärferen Grat links entlang, dann über ein Dach zum Skidepot. Zu Fuß über den schmalen First mit kleinen Scharten auf den Gipfel.

Aufstieg von Norden Wie beim Schneeberg (Tour 72) beschrieben, noch aus dem Vergaldatal über die Hänge und Böden bis auf etwa 2400 m Höhe. Nun von der üblichen Route nach rechts ab und schräg über den bald sehr steilen Hang ins Palmtaljoch. Weiter wie oben.

Abfahrten Meist wie die Aufstiegsrouten. Bei idealem Firn lockt jedoch der 500-Hm-Supersteilhang: Aus der Mulde südlich unter dem Palmtaljoch über herrliche, im Mittelteil äußerst steile Hänge gerade hinab ins untere Wintertal.

Rotbühelspitze 76
(2853 m) Große, anspruchsvolle Hochtour

Touren-Steckbrief

Aufstiegszeit: 4 1/2 Std. von Gargellen.
Abfahrt: 1370 Hm, sehr steiler Gipfelhang, weite Böden und ein langgestrecktes Tal.
Lawinengefahr: In den Tälern und am Gipfel stark den Lawinen ausgesetzt.
Himmelsrichtung: Nord- bis westseitig.
Gipfelaufbau: Die letzten Meter problemlos zu Fuß.
Stützpunkt: Unterwegs keiner.
Ausgangspunkt: Aus dem mittleren Montafon in das Seitental von Gargellen (1423 m) und durch den Ort zum Parkplatz dahinter.

Der westlichste Zipfel der Silvretta wird von einem gewaltigen, aus dunklem Fels aufgebauten Gipfelpaar beherrscht: der schroffen, im Winter unnahbaren Eisentälispitze (2875 m) und der deutlich sanfteren Rotbühelspitze. Beide stehen im Grenzkamm und bieten einen reizvollen Blick in die Schweizer Berge.

Die Tour Für jeden echten Skibergsteiger mit einiger Erfahrung stellt die Rotbühelspitze ein verlockendes Ziel dar. Die Großabfahrt führt nur durch freies Gelände. Auf eine sehr steile Gipfelzone folgen herrliche, unbegrenzt weite Böden und ein langes, teilweise schmales Tal, in dem jedoch die Skier überall »laufen«.

Aufstieg durch das Wintertal Vom Parkplatz auf der Pistentrasse nach Süden und im Valzifenztal teilweise flach zur Oberen Valzifenzalpe beim Talknick. Nun nach Südosten im engen Wintertal (Lawinenstriche!) gut 200 Hm aufwärts, dann links des Einschnitts über die abschließende Stufe auf die sehr weiten Augstenberg-Böden. Wieder nach Südosten über wellige Flächen in das kleine Becken nördlich unter Punkt 2645 des Valzifenzgrates. Durch eine Steilmulde auf die Absätze, die den Grat nördlich begleiten. Hier nach Osten, dann über einen noch hohen Hang sehr steil zum Gipfel; die letzten Meter zu Fuß.

Vor allem das Wintertal, das man beim Aufstieg zu Ritzenspitzen und Rotbühelspitze begeht, ist sehr stark von Lawinen bestrichen.

Reichen Zeit oder Kraft für **Östlicher Paschianikopf (2514 m)** die Rotbühelspitze nicht aus, oder ist der Gipfelbereich dort schneebrettgefährlich, dann bietet der ganz unbedeutende, im Grenzkamm stehende Ostgipfel der Paschianiköpfe ein Ausweichziel. (Auf der Österreichischen Karte findet man den Gipfel gleich unter dem »n« des Wortes »Valzifenzer«.) Weite, hindernislose Mulden führen zum Gipfel. Die Route: Wie beschrieben auf die Flächen des Augstenberges. Nach Süden durch Mulden in die Teuffurgga und nach rechts über den Ostrücken auf den nahen Gipfel.

77

Versettla (2372 m)

78

Spritztour bei Gaschurn

Touren-Steckbrief

Aufstiegszeit: Gut 1 Std. von den Liften.
Abfahrt: 1410 Hm, hohe, steile Osthänge, dann 400 Hm Piste.
Lawinengefahr: Nicht bei Schneebrettgefahr.
Himmelsrichtung: Meist ostseitig.
Gipfelaufbau: Mit Skiern bis auf den Gipfel.
Ausgangspunkt: Durch das Montafon nach Gaschurn (979 m) und zum Parkplatz der Versettlabahn.

Das letzte Massiv im Nordwesten der Silvretta ist ein weiträumiges Alpgebiet, das vielen als die Pistenregion Silvretta Nova bekannt ist. Im Südosten wird das Gelände von einem ersten felsigen Gipfel überragt, der Burg (2247 m), von der sich der Kamm dann zur Versettla hinaufzieht, die wieder sehr viel skifahrerfreundlicher aussieht.

Die Tour Nicht länger als eine Stunde dauert der problemlose Aufstieg aus dem Pistengebiet. Entsprechend kurz ist die

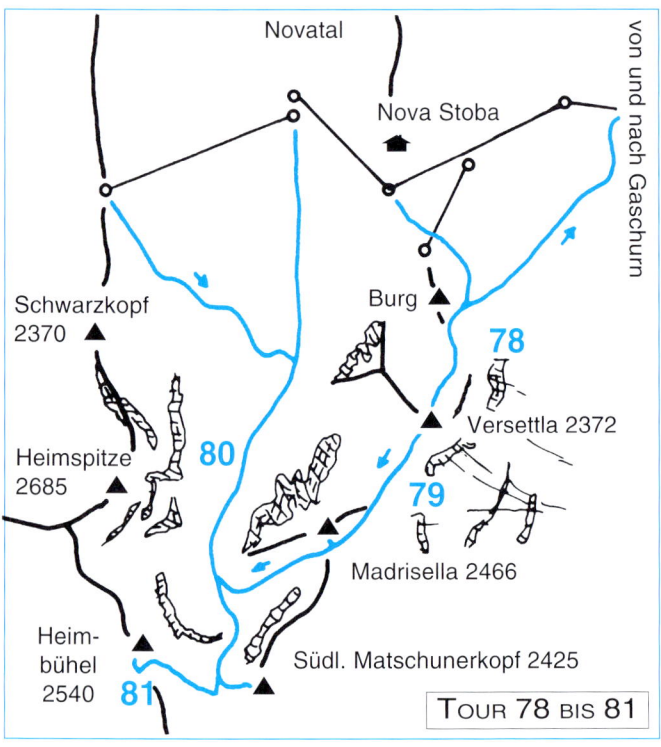

Novatal

Nova Stoba

Schwarzkopf
2370

Burg

78

Versettla 2372

Heimspitze
2685

80

79

Madrisella 2466

Heim-
bühel
2540

81

Südl. Matschunerkopf 2425

TOUR 78 BIS 81

Tiefschneeabfahrt. Es gibt aber noch eine verlockende Möglichkeit: die steilen, insgesamt 1000 m hohen Nordosthänge. Der Weiterweg zur Madrisella wird im folgenden Kapitel beschrieben. Etwas Besonderes ist der Rundblick mit seinen Kontrasten: auf der einen Seite Silvretta Nova mit seinen »Ameisen«, im Süden die großen, absolut einsamen Gipfel.

Aufstieg Mit den Versettlabahnen zur Nova Stoba (2000 m) und nun entweder die Hänge nach Südosten querend auf eine Geländeschulter oder Fahrt mit dem Burglift zu dessen Bergstation (2110 m) und Abfahrt zur Schulter. Östlich um die Burg herum und in der Mulde dahinter zum Sattel zwischen diesem Gipfel und der Versettla. Über den Rücken zum Ziel.

Abfahrt Wie Aufstieg. Oder (ungleich interessanter): vom Ostfuß der Burg über teilweise recht steile Hänge erst nach Nordosten, dann nach Osten weit hinab. Schließlich auf einem Weg nach links ins Pistengebiet.

Madrisella (2466 m)

Kleine Rundtour über Silvretta Nova

Touren-Steckbrief

Aufstiegszeiten: Gut 2 Std. von den Liften.
Abfahrt: Insgesamt etwa 1950 Hm, davon gut 750 im Tiefschnee über schönste Hänge und durch ein langes Tal, anschließend Pisten.
Lawinengefahr: Abfahrt ins Novatal nur bei sicheren Verhältnissen.
Himmelsrichtung: Gipfelhang Richtung Südwesten, dann nordseitiges Tal.
Gipfelaufbau: Evtl. mit Skiern bis auf den Gipfel.
Stützpunkt: Unterwegs keiner.
Ausgangspunkt: Durch das Montafon nach Gaschurn (979 m) und zum Parkplatz der Versettlabahn.

Von der Versettla, die im vorangegangenen Kapitel beschrieben wurde, zieht der Kamm meist als breiter Rücken weiter nach Süden und wirft noch eine ganze Reihe behäbiger, relativ unauffälliger Gipfel auf. Die Gestalt, die sich noch am markantesten präsentiert, ist die Madrisella, die man nicht mit der Madrisa (2770 m, Tour 74) bei Gargellen verwechseln darf.

Die Tour Dieser Silvrettaberg bietet eine ideale Kombination von Piste und Tiefschnee. Man sollte allerdings nicht über die Versettla zurückkehren, sondern über die idealen Hänge nach Südwesten ins Novatal abfahren, durch das man dann den bekannten Skizirkus wieder erreicht.

Aufstieg über Versettla Wie bei Route 78 beschrieben, aus dem Liftgebiet zur Versettla (2372 m). Auf dem Kamm etwa 50 Hm abwärts in den folgenden Sattel, nach Süden über einen Gratkopf, dann links auf Terrassen an die steil aufragenden Madrisella heran. Schräg empor auf den oberen Südgrat und nach rechts zum Gipfel.

Abfahrt Kurz über den Südgrat wieder hinab, dann nach Südwesten auf einem kräftig geneigten, sehr schönen Hang in das innerste Novatal. Im Tal nach Norden, später ganz flach talaus zur Alpe Nova. Mit den Novaliften zur Nova Stoba. Pistenabfahrt nach Gaschurn.

Das Novatal führt aus dem berühmten Pistengebiet »Silvretta Nova« nach Süden zu stillen Bergen wie den Matschunerköpfen und dem Heimbühel.

Südlicher Matschunerkopf
(2425 m) — Pulverschneemulden im inneren Novatal

Touren-Steckbrief

Aufstiegszeiten: Gut 2 1/2 Std.

Abfahrt: Insgesamt etwa 1850 Hm, davon gut 700 Hm Tiefschnee durch schöne Nordmulden, dann langes Tal, schließlich Pisten.

Lawinengefahr: Lawinenstriche im Novatal.

Himmelsrichtung: Weitgehend nordseitig.

Gipfelaufbau: Mit Skiern bis auf den Gipfel.

Stützpunkt: Unterwegs keiner.

Ausgangspunkt: Durch das Montafon nach Gaschurn (979 m) und zum Parkplatz der Versettlabahn.

Im Kamm südlich der bereits beschriebenen Madrisella folgt das dreigipflige Massiv der Matschunerköpfe (2426 m), das im Osten von auffallenden Terrassen begleitet wird. Diese unauffälligen Gipfel sind kaum bekannt

Die Tour Wer wegen der freien Ausblicke Grattouren schätzt, wird über Versettla und Madrisella den südlichen, auffallend abgerundeten Gipfel der Matschunerköpfe ansteuern. Bequemer ist jedoch der Anstieg durch das Novatal. In den sehr schönen, geschützten Mulden dort findet man oft besten Pulverschnee.

Aufstieg durch das Novatal Mit den Versettlabahnen zur Nova Stoba (2000 m) und auf der Piste ins Novatal. Anfangs ganz flach nach Süden talein an der Alpe Nova vorbei in den engen Teil des Tales. (Oder mit dem Lift Schwarzköpfle III zur Bergstation und genau nach Osten über im unteren Teil sehr steile Hänge ins Tal; 500 Hm Abfahrt.) Hinein zur Bachverzweigung und zwischen den beiden Ästen durchs Novatäli, dann –

sich links haltend – in einen Kessel (in den auch die Südwestabfahrt von der Madrisella mündet). Im tiefsten Einschnitt nach Südosten, bis sich halbrechts die Fortsetzung der Mulde öffnet. In einem weiten Bogen am Matschunerjoch vorbei auf den Südlichen Matschunerkopf.

81 **Heimbühel (2540 m)** Wer sich ein höheres Ziel wünscht, kann zum Heimbühel aufsteigen, dessen Name in vielen Karten fehlt. Vom Matschunerjoch erst längs des Kammes nach Westen, dann halblinks in ein Tälchen. Aus dessen hinterem Becken nach links ins Heimbüheljoch und nach Norden auf den Gipfel (20 Min. länger und 115 Hm mehr).

Über eine kurze, versteckte Stufe führt der sonst unschwierige Anstieg aus dem Kormertal auf den selten betretenen Schweizergletscher.

Westliche Kromerspitze 82
(2865 m) Skitour mit Überraschung

Touren-Steckbrief

Aufstiegszeit: 3 1/2 Std. vom Vermuntsee.
Abfahrt: 1100 Hm, meist ideale Hänge, jedoch zwei anspruchsvolle Stellen.
Lawinengefahr: Nicht bei Gefahr von Schneebrettern!
Himmelsrichtung: Fast reine Nord- und Nordostabfahrt.
Gipfelaufbau: Evtl. mit Skiern bis fast auf den Gipfel.
Stützpunkt: Unterwegs keiner.
Ausgangspunkt: Vermuntsee (1753 m), Zufahrt siehe Tour 89.

Dieser Gipfel östlich über der Schweizerlücke ragt nur wenig aus dem Silvretta-Hauptkamm hervor. Erst aus der Nähe fällt der Berg durch seine roten Zacken und Abbrüche auf und wirkt dann recht unnahbar für eine Skitour.

Die Tour Diese Route ist trotz der fast makellosen Abfahrt nahezu unbekannt. Es gibt nämlich zwei »raffinierte Schlüsselstellen«, die die Besteigung erst ermöglichen. So können alpin Erfahrene durch eine äußerst steile Rinne vom Schweizergletscher aus das Gipfelplateau erreichen und dann sogar ihre Skier bis wenige Meter unter den höchsten Punkt benützen.

Aufstieg über Schweizergletscher Vom Südende des Vermuntsees über ideale, weiträumige Böden ins Kromertal und sich stets in den rechten Mulden haltend bis auf 2300 m Höhe. Jetzt entdeckt man rechts eine bisher verborgene Einbuchtung (rechts von Punkt 2575). Durch sie steil empor auf einen Absatz und flach zu einer Geländekante. Nun problemlos über Böden westlich um P 2575 und über den gleichmäßig geneigten Schweizergletscher bis an den Fuß der felsigen Gipfelflanke. Durch eine äußerst steile, oben schmale Rinne (evtl. Skier tragen) auf die Oberkante der Stufe. Von dort auf einer Rampe nach Süden, bis man links abbiegend zum Gipfel aufsteigen kann.

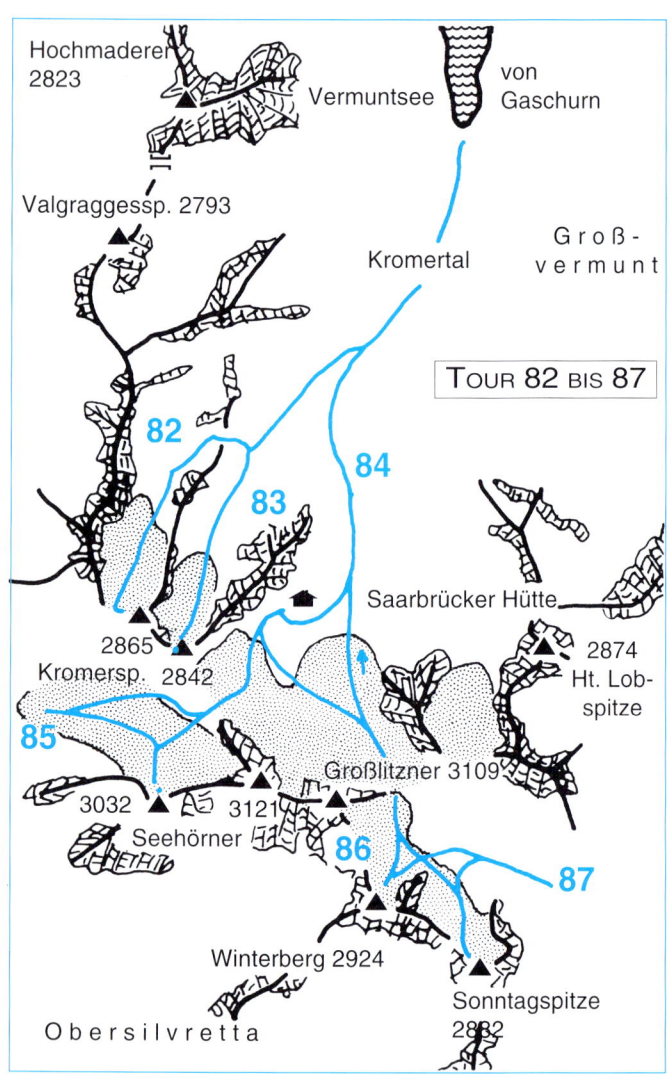

Hochmaderer
2823

Valgraggessp. 2793

Vermuntsee

von
Gaschurn

Kromertal

Groß-
vermunt

TOUR 82 BIS 87

82

84

83

Saarbrücker Hütte

2865

2874
Ht. Lob-
spitze

Kromersp. 2842

85

3032

3121

Großlitzner 3109

Seehörner

86

87

Winterberg 2924

Sonntagspitze
2882

Obersilvretta

Östliche Kromerspitze

(2842 m) Genußabfahrt nach Norden

83

Touren-Steckbrief

Aufstiegszeit: 3 1/2 Std. vom Vermuntsee.

Abfahrt: 1030 Hm, meist herrliche, teilweise steile Nordhänge.

Lawinengefahr: Nicht bei Gefahr von Schneebrettern!

Himmelsrichtung: Weitgehend nordseitig.

Gipfelaufbau: Steil zu Fuß auf einen der beiden Gipfelgrate, dann über verschneiten Fels (I) auf den höchsten Punkt; stark von den Verhältnissen abhängig, evtl. Pickel nötig.

Stützpunkt: Unterwegs keiner.

Ausgangspunkt: Vermuntsee (1753 m), Näheres siehe Tour 89.

Der unauffällige Gipfel aus Blockwerk, Schneeflanken und kleinen Felswänden im Silvretta-Hauptkamm bekommt dadurch einige Bedeutung, daß hier der Grat zum Kleinlitzner abzweigt. Zudem ist der Blick auf Großseehorn und Großlitzner besonders eindrucksvoll.

Die Tour 600 Hm dieser Route führen über kräftig geneigte, makellose, nordseitige Gletscherflächen und Hänge, dann folgen ebenfalls hindernislose Böden. Eine herrliche Abfahrt! Der Gipfelaufbau kann jedoch bei ungünstigem Schnee zumindest einen Pickel erfordern.

Aufstieg über Kromergletscher Vom Südende des Vermuntsees über ideale, weiträumige Böden ins Kromertal und sich stets in den rechten Mulden haltend ins Kromerkar. Über ideale Hänge und die Flächen des Kromergletschers in dem geschützten Nordgelände kräftig aufwärts Richtung Gipfel, der auf der linken Seite aufragt. So hoch wie möglich mit den Skiern, dann zu

Fuß durch die Steilflanke in die Kromerscharte und zwar gleich in die Lücke links des wilden Schartenturms. Am Westgrat entlang auf den Gipfel. (Man kann auch den Nordostgrat etwas oberhalb der Kromerlücke erreichen und über diesen noch langen Felsgrat zum Gipfel klettern; im Sommer Schwierigkeitsgrad I).

Das berühmteste Gipfelpaar der Silvretta: Großlitzner und Großseehorn. Über den hier sichtbaren Seegletscher wandert man zum Kleinseehorn.

Saarbrücker Hütte **84**
(2538 m) Im Reich des Großlitzners

Touren-Steckbrief

Aufstiegszeit: 2 1/2 Std. ab Vermuntsee.

Abfahrt: 780 Hm über sehr schöne, hindernislose, nirgends schwierige Böden und Hänge.

Lawinengefahr: Bei vernünftiger Routenführung ist die Tour kaum gefährdet.

Himmelsrichtung: Weitgehend nordseitig.

Stützpunkt: Saarbrücker Hütte (2538 m), DAV, 87 Schlafplätze, Tel. 05558/4235, bewirtschaftet März bis nach Ostern.

Ausgangspunkt: Vermuntsee (1753 m), Näheres siehe Tour 89.

Die reizvolle, mit Zacken geschmückte Felsburg des Kleinlitzners fällt nach Süden mit einer Wand ab. Auf einem Geländevorsprung am Fuß dieser Felsen thront die Saarbrücker Hütte, der höchstgelegene Stützpunkt der Silvretta. Sie erschließt ein kleines, aber erlesenes Tourengebiet.

Die Tour Dieser Hüttenanstieg führt über weite Flächen, wie sie sich Skifahrer wünschen. Je höher man kommt, desto eindrucksvoller wird der Blick auf das berühmte Gipfelpaar Großlitzner und Großseehorn (3121 m).

Aufstieg über die Schwarzen Böden Vom Südende des Vermuntsees rechts des Kromerbachs über schöne Böden aufwärts, ab 2000 m Höhe stets nach Süden, am Kleinlitzner vorbei, bis man allmählich nach rechts einschwenken kann. Unter der so schön gelegenen Hütte noch hindurch, erst dann nach rechts zu ihr hinaus.

85 Kleinseehorn (3032 m)

Besonderes Ziel auf Schweizer Boden

Touren-Steckbrief

Aufstiegszeit: 2 Std. ab Saarbrücker Hütte.

Abfahrt: 520 Hm mit kleinem Steilgletscher und weiten, zwischendurch ebenen Böden.

Lawinengefahr: Die steilen Gipfelhänge sind evtl. schneebrettgefährdet.

Himmelsrichtung: Weitgehend nord- und nordostseitig.

Gipfelaufbau: 50 Hm in steilem, oft tief verschneitem Fels, bei schlechten Bedingungen schwierig.

Stützpunkt: Wie Ausgangspunkt.

Ausgangspunkt: Saarbrücker Hütte (2538 m), Näheres siehe Tour 84.

Schon ganz auf Schweizer Boden, jenseits des Seegletschers, ragt ein ungewöhnlicher Gipfel in den Himmel, das Kleinseehorn. Dank des schmalen Steilgletschers in der Nordflanke und der beiden kecken Gipfelhörner ist dieser Berg unverkennbar.

Die Tour Das Kleinseehorn bietet keine berauschende Großabfahrt – außer bei unserer Variante. Hier findet man eher eine pfiffige Individualistentour mit ein paar Überraschungen. So taucht der Gipfel erst auf, wenn man die Seelücke erreicht, und nach einem fast ebenen Gletscherboden folgt noch ein beeindruckender Steilhang.

Aufstieg über die Seelücke Vom Boden bei der Saarbrücker Hütte nach Südwesten über schöne Flächen auf den Großseehorn-Nordgrat zu, dann nach Westen in die Seelücke (2776 m, Grenze). Mit nur wenig Steigung quer über den Seegletscher, dann steil über den markanten Gletscherlappen an den Gipfelfuß (der rechte Zacken ist der Hauptgipfel); Skidepot. Etwa in der Mitte über die Platten- und Blockflanke auf den linken Grat und über die etwas ausgesetzte Schneide (bis Schwierigkeitsgrad II) zum Gipfel.

Zusätzliche Abfahrt Hier eine Möglichkeit für eine ausgesprochen schöne zusätzliche Abfahrt: Auf der Aufstiegsroute über die Steilflanke hinab auf den Seegletscher. Nun erst etwas nach rechts, um dem Steilgelände und den Spalten auszuweichen, dann über den ganzen Eisstrom hinab auf die große Talstufe (2480 m) beim Schottensee. Gegenanstieg in die Seelücke knapp 1 Std. Insgesamt 750 Hm über sehr schöne Strecken.

Winterberg (2924 m) 86

Schöner Skiberg im Grenzgrat

Touren-Steckbrief

Aufstiegszeit: 1 1/2 Std. ab Saarbrücker Hütte.
Abfahrt: 420 Hm über Gletscherflächen und Hänge, unter dem Gipfel steil, trotzdem insgesamt einfach.
Lawinengefahr: Die steilen Gipfelhänge sind evtl. schneebrettgefährlich.
Himmelsrichtung: Ost- und nordseitig.
Gipfelaufbau: Mit Skiern bis kurz unter den Gipfel.
Stützpunkt: Wie Ausgangspunkt.
Ausgangspunkt: Saarbrücker Hütte (2538 m), Näheres siehe Route 84.

Hinter dem so eindrucksvollen Großlitzner (3109 m) versteckt sich der Winterberg, dessen Name auf der Österreichischen Karte fehlt. Dieser auf der Nordostseite vergletscherte Berg steht im Grenzkamm und bietet einen reizvollen Blick in die Schweizer

Die Abfahrt von der Schneeglocke über den Klostertalergletscher und die anschließenden Hänge gehört zum Schönsten überhaupt.

Silvretta mit Verstanklahorn, Piz Linard (3411 m), Plattenhörnern und anderen.

Die Tour Diese Spritztour führt durch eine sehr eindrucksvolle Landschaft, umrundet man doch in einem weiten Bogen den Großlitzner. Vom Gipfelhang abgesehen ist die Strecke gemütlich, teilweise sogar flach, eignet sich also für einen »schnellen« Schnee.

Aufstieg über den Litznersattel Vom Boden unter der Saarbrücker Hütte erst flach über den Litznergletscher nach Süden, dann in den Litznersattel (2737 m). Von hier wäre eine Besteigung des **Sattelkopfes** (2863 m) über den Grat – weitgehend zu Fuß – möglich. Im Süden des Sattels fast eben bis hinter einen Felssporn, dann über schöne Gletscherflächen mit einigen Spalten, schließlich steil zum Grat und nach links auf den Gipfel.

Abfahrt Auf der Aufstiegsroute. Muß man nicht zur Hütte zurück, fährt man vom Litznersattel direkt über die idealen Böden nach Norden ab.

Um noch mehr aus diesem Tag zu machen, sollte man die ja recht kurze Tour zum Winterberg mit der benachbarten Sonntagspitze kombinieren. Man quert dabei am besten vom Litznersattel fast eben nach Süden, bis man den Ostrücken des Winterbergs hinter sich hat. Dann schräg über den kleinen Gletscher (Spalten) in ein Eistälchen und hinauf in die Winterlücke. Zu Fuß oder noch ein Stück mit Skiern auf den Gipfel. Um das Gelände auszukosten, kann man durchs Verhupftäli in schönstem Skigelände bis auf 2500 m Höhe abfahren. Von dort dann in reichlich 1 Std. auf den Winterberg und schließlich zurück zur Hütte (zusammen maximal 770 Hm Abfahrt).

Schneeglocke (3223 m)

Abgelegener Berg mit herrlicher Abfahrt

Touren-Steckbrief

Aufstiegszeit: 5 Std. von der Bielerhöhe.

Abfahrt: 1100 Hm, davon 750 Hm über herrliche Gletscherflächen und Hochkare, anschließend langes, doch zügiges Tal, dann noch gut 2 km eben über oder um den See.

Lawinengefahr: Mancher Lawinenstrich im Klostertal.

Himmelsrichtung: West- bis nordostseitig.

Gipfelaufbau: Längerer Aufstieg zu Fuß, bei gutem Schnee ohne Probleme, bei hartem Schnee Pickel und Steigeisen angenehm.

Stützpunkte: Gasthöfe auf der Bielerhöhe oder Madlenerhaus (1986 m, DAV, 80 Schlafplätze, Tel. 05558/4234, bewirtschaftet Weihnachten bis nach Ostern) unter der Weststaumauer.

Ausgangspunkt: Bielerhöhe (2036 m), Näheres siehe Route 89.

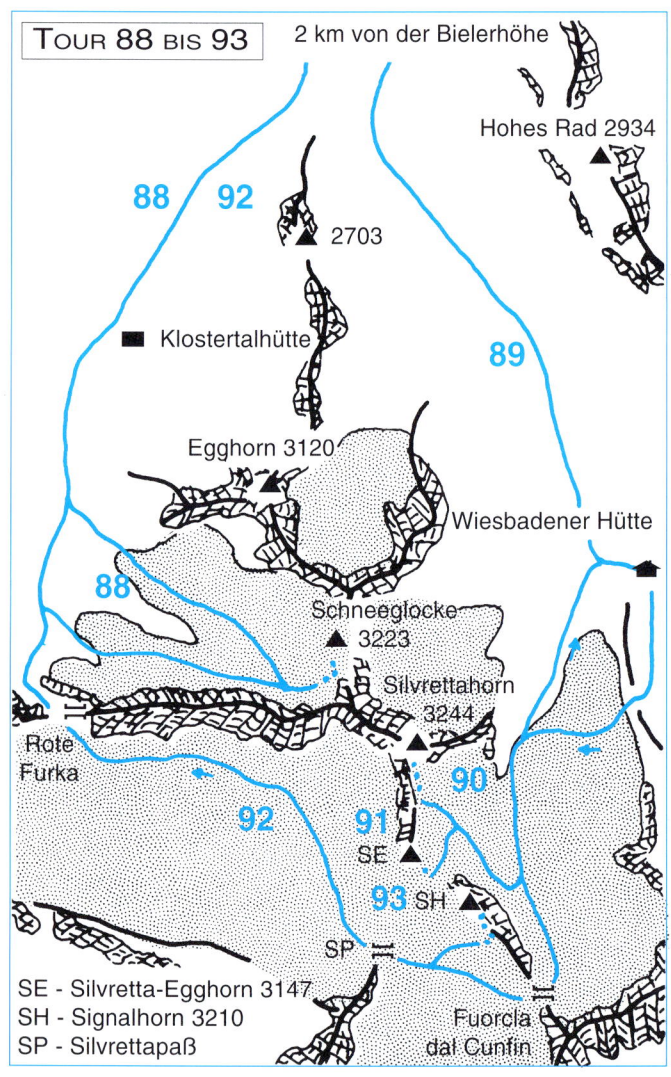

TOUR 88 BIS 93

2 km von der Bielerhöhe

Hohes Rad 2934

88 92

89

2703

Klostertalhütte

Egghorn 3120

Wiesbadener Hütte

88

Schneeglocke
3223

Silvrettahorn
3244

Rote
Furka

90

92

91
SE

93 SH

SP

SE - Silvretta-Egghorn 3147
SH - Signalhorn 3210
SP - Silvrettapaß

Fuorcla
dal Cunfin

Gegen Ochsental und Wiesbadener Hütte zeigt das Dreigestirn Silvrettahorn, Schneeglocke und Schattenspitze ein wildes Aussehen mit hohen, dunklen Wänden. Doch von Norden und Westen gesehen wird die Schneeglocke – zumindest im Frühjahr – ihrem Namen durchaus gerecht. Sie ist zudem der dritthöchste Gipfel in ganz Vorarlberg.

Die Tour Zwei Drittel der Abfahrt über die weiten, hindernislosen Hänge – bei denen es zudem zwei Möglichkeiten gibt – gehören zum Schönsten in der Silvretta. Auch das Klostertal läßt sich fast überall zügig befahren, nur auf dem See ist man zu einem »Hatscher« gezwungen. Im gleichnamigen Tal liegt die Klostertalbrücke (2362 m, nur Selbstversorgung, Alpenvereinsschloß), die man als Stützpunkt nützen kann.

Aufstieg Über den Silvrettasee oder auf dem breiten Weg am Westufer zur Ausmündung des Klostertals (der Name rührt vom Tal her, durch das man nach Klosters wandert). Links des Baches im zwischendurch ganz flachen Gelände weit talein und um eine schwache Biegung herum bis auf den weiten Boden auf 2400 m Höhe. Nun entweder weiter im Talboden nach Süden, dann in 2500 m Höhe allmählich nach Südosten einschwenkend auf den mittleren Arm des Klostertalergletschers. Über ihn immer gerade aufwärts (Spaltenzone) ins oberste Becken südwestlich des Gipfels. Hierher etwas zügiger: in 2400 m Höhe gleich halblinks und längs des ersten Baches – immer auf die Schneeglocke zu – auf den Nordarm des Gletschers und über ihn empor, ganz zum Schluß nach rechts ins erwähnte Becken. An die Gipfelflanke, Skidepot (3120 m). An der günstigsten Stelle im Schnee über die 60-Hm-Flanke zum Südgrat und nach links auf den Gipfel.

Touren-Steckbrief

Aufstiegszeit: Gut 2 Std. ab Bielerhöhe.

Abfahrt: 410 Hm, ein schöner Hang, ein Tal und ein »Langlauf« über oder um den See.

Lawinengefahr: Im Ochsental mancher Lawinenstrich.

Himmelsrichtung: Nordwesthang und nach Norden geöffnetes Tal.

Stützpunkt: Wiesbadener Hütte (2443 m), DAV, 200 Schlafplätze, Tel. 05558/4233, bewirtschaftet Ende Februar bis Anfang Mai. Etwas unter der Bielerhöhe das Madlenerhaus (1986 m), DAV, 80 Schlafplätze, Tel. 05558/4234, bewirtschaftet Weihnachten bis nach Ostern.

Ausgangspunkt: Durch das gesamte Montafon in den letzten Ort des Tales, Partenen (1051 m), und zur Talstation der neuen Vermunt-Seilbahn. Fahrt zur Bergstation, dann mit einem Kleinbus durch einen langen Tunnel zum Vermuntsee und auf der Serpentinenstraße hinauf zur Bielerhöhe (2036 m, Gasthäuser).

Die immer wieder vergrößerte Wiesbadener Hütte ist *der* Tourenstützpunkt schlechthin im Vorarlberg. Hier gibt es nicht weniger als neun Gipfelziele, die alle höher als 3000 m sind; dazu gehört auch der höchste Berg des Landes, der Piz Buin (3312 m).

Die Tour Das ist ein typischer Hüttenanstieg in den Zentralpen, der durch ein langgestrecktes Tal führt. Zusätzlich gibt es allerdings den Gang über oder um den immerhin 2,5 km langen Silvrettasee. Als Abfahrt ist dies wenig attraktiv, deshalb sei die Route durchs Bieltal empfohlen (siehe Tour 97).

Aufstieg durch das Ochsental Von der Bielerhöhe über den Silvrettasee oder, wenn dies gefährlich ist (Stausee), am Ostufer auf dem Fahrweg um ihn herum und ins Ochsental. Im Talboden meist flach bis in 2220 m Höhe. Von dort über den Hang, der den vom Vermuntgletscher herabkommenden Bach im Norden begleitet, zur Hütte empor.

Silvrettahorn
(3244 m) Zweithöchster Gipfel in Vorarlberg

Touren-Steckbrief

Aufstiegszeit: Gut 3 Std. von der Wiesbadener Hütte.
Abfahrt: 700 Hm über schöne Gletscherflächen, zwei Spaltenzonen, Gegenanstieg zur Hütte.
Lawinengefahr: Stabiler Schnee notwendig.
Himmelsrichtung: Südost- bis nordseitig.
Gipfelaufbau: Längerer Aufstieg zu Fuß, sehr von den Verhältnissen abhängig, bei hartem Schnee Pickel und Steigeisen nötig.
Stützpunkt: Wie Ausgangspunkt.
Ausgangspunkt: Wiesbadener Hütte (2443 m), Näheres siehe Route 89.

Dieser mächtige Berg mit seinen bis zu 500 m hohen Wänden steht der Wiesbadener Hütte genau gegenüber und schaut von dieser Seite für den Skitourengeher recht unnahbar aus. Die Böden von Silvretta, gut 1000 m tiefer auf der Schweizer Seite gelegen, standen Pate nicht nur für den Namen unseres Gipfels, sondern für das gesamte Gebirge.

Die Tour Am Silvrettahorn überwiegt das Bergsteigerische gegenüber der reinen Skitour. Es sind vor allem die Eisbrüche und Spalten des Ochsentalergletschers, die der Tour eine hochalpine Note geben. Aber auch zum Gipfel muß man ein gutes Stück zu Fuß emporsteigen – eine anspruchsvolle Sache, sobald der Schnee hart oder gar vereist ist.

Aufstieg Von der Hütte anfangs querend, dann aufwärts nach Süden zur Zunge des Vermuntgletschers. Schräg rechts über diese empor und weiter in die Senke südlich der Grünen Kuppe. Über die steile Moräne kurz hinab auf den Ochsentalergletscher. Unter dem großen Bruch (Eisschlag!) ganz auf die andere Seite, erst dann zwischen Spalten über die Stufe empor in das obere, nun sanfte Becken. Auf 2880 m Höhe nach rechts abbiegen und im Schräganstieg (Spalten) über die Stufe in das nächsthöhere Becken. Nun nicht in den tiefsten Einschnitt der Egghornlücke, sondern in die nördlichste Scharte schon am Gipfelfuß (ca. 3070 m, oberhalb eines auffallenden Zackens). Nun ohne Skier über einen steilen Hang, dann am besten in der Westflanke unter den Felsen hindurch, schließlich in einer Rinne zum Grat und auf den Gipfel.

Abfahrt Entweder auf der gleichen Route oder – viel lohnender – über den gesamten Gletscher hinab bis zum Bachzusammenfluß im Ochsental (2250 m). Von dort in 40 Min. wieder empor zur Hütte oder weiter talaus zu See und Bielerhöhe.

Silvretta-Egghorn (3147 m) Wer sich einen weniger langen Anstieg zu Fuß, dafür etwas mehr Skiabfahrt wünscht und zudem eine kurze, schon fast eiswandartige Steilstufe nicht scheut, weicht auf diesen deutlich kleineren Gipfel im Grenzkamm aus. Im erwähnten »höheren Becken« des Ochsentalergletschers auf die tiefste Egghornlücke zu, dann schräg links über einen äußerst steilen Eisbuckel auf einen unerwartet weiträumigen Firnsattel (3110 m, Skidepot). Über den felsigen Grat auf den nahen Gipfel.

Silvretta-Rundfahrt 92

Große Tour über Silvrettapaß und Rote Furka

Touren-Steckbrief

Aufstiegszeit: Zusammen knapp 3 Std.
Abfahrt: Insgesamt 1100 Hm in sehr unterschiedlichem Gelände mit Gletschern (Spalten), Hochkaren und Tälern, Gegenanstieg in die Rote Furka. Nebelfreies Wetter wichtig!
Lawinengefahr: Mehrere lawinengefährdete Passagen.
Himmelsrichtung: West- bis nordostseitig.
Gipfelmöglichkeit: Das Signalhorn (3210 m) läßt sich gut »mitnehmen«.
Stützpunkt: Wie Ausgangspunkt.
Ausgangspunkt: Wiesbadener Hütte (2443 m), Näheres siehe Route 89.

Wer sich einen ganz besonderen Rückweg von der Wiesbadener Hütte zur Bielerhöhe wünscht, wird diese Drei-Scharten-Tour anpacken. Man lernt dabei auch ein wenig die sehr eindrucksvolle Schweizer Silvretta kennen; hier ragt zum Beispiel das wilde Verstanklahorn (3298 m) auf.

Die Tour Nur mit alpiner Erfahrung und vor allem nur bei stabilem Wetter darf man diese Tour unternehmen. Auf dem Silvrettagletscher gibt es Spalten, im langgestreckten Klostertal manchen Lawinenstrich.

Aufstieg zum Silvrettapaß Von der Hütte anfangs querend, dann aufwärts nach Süden zur Zunge des Vermuntgletschers. Schräg rechts über diese empor und weiter in die Senke südlich der Grünen Kuppe. Über die steile Moräne kurz hinab auf den Ochsentalergletscher. Unter dem großen Bruch (Eisschlag!) ganz auf die andere Seite. Dort zwischen Spalten über die Stufe und

Über dem von Spalten zerfurchten Ochsentalergletscher ragt mit schroffer Wand das Signalhorn auf; rechts das unauffällige Silvretta-Egghorn.

dann immer nach Süden durch die oben flachen Gletschermulden in die Fuorcla dal Cunfin (3043 m, Grenze). Drüben in recht steilem Gelände erst kurz hinab und dann nach Westen hinüber in den vergletscherten Silvrettapaß (3003 m).

Abfahrt über Rote Furka   Vom Paß über die weiten Flächen des Silvrettagletschers (Spalten) immer etwas nach rechts bis vor das Nordufer und dort hinab bis auf 2600 m Höhe. Durch eine Steilmulde, evtl. die Skier tragend, wieder empor in die Rote Furka (2688 m). Drüben durch eine schmale Mulde, dann über schöne, einfache Hänge ins Klostertal mit der Klostertalhütte (2362 m, DAV, nur Selbstversorgung) hinab. Rechts des Baches durch das gesamte Tal hinaus zum Silvrettasee und noch 2 km zur Bielerhöhe.

Signalhorn (3210 m)   Dieser schöne Gipfel bricht nach Osten mit einer 250 m hohen, sehr steilen Wand ab, läßt sich aber von der Schweizer Seite bei gutem Schnee besteigen. Die Route: Vom Silvrettapaß noch über den Gletscher empor, dann zu Fuß rechts auf den auffallenden Sporn; über ihn auf Punkt 3175 und auf dem Hauptgrat zum Gipfel (40 Min., evtl. Steigeisen und Pickel notwendig).

Piz Buin (3312 m)

Höchster Gipfel im »Ländle«

Touren-Steckbrief

Aufstiegszeit: Gut 3 Std. von der Wiesbadener Hütte.
Abfahrt: 620 oder 800 Hm, flache bis steile Gletscherflächen (Spalten und Eisschlag), evtl. Gegenanstieg von 40 Min.
Lawinengefahr: Stabiler Schnee notwendig.
Himmelsrichtung: Meist nordseitig.
Gipfelaufbau: Langer Aufstieg zu Fuß, bei hartem Schnee oder Eis anspruchsvoll, Pickel und Steigeisen oft nötig.
Stützpunkt: Wie Ausgangspunkt.
Ausgangspunkt: Wiesbadener Hütte (2443 m), Näheres siehe Route 89.

Diese große, runde Scheibe ist zwar nur der dritthöchste Silvrettaberg, aber doch ein ganz auffallender »Häuptling« in Vorarlberg, der seine Nachbarn ziemlich deutlich überragt. Der berühmte Berg müßte eigentlich Großer Piz Buin oder, noch genauer, Piz Buin Grand heißen; direkt daneben steht der recht abweisende Kleine Piz Buin (3255 m).

Die Tour Dieses sehr beliebte Ziel gilt unverständlicherweise als einfach. In Wirklichkeit ist das eine hochalpine Bergfahrt mit verwickelter Routenführung, zerschründetem Gletscher (mit gewaltigem, sehr eindrucksvollem Eisbruch) und einem 250 m hohen Gipfelaufbau. Bei hartem Schnee oder Eis braucht man dort oben die entsprechende Ausrüstung, am »Kamin« kann auch ein Seil gute Dienste leisten.

Aufstieg Von der Hütte anfangs querend, dann aufwärts nach Süden zur Zunge des Vermuntgletschers. Schräg rechts über diese empor und weiter in die Senke südlich der Grünen Kuppe.

Der Piz Buin über dem Vermuntgletscher – der höchste Gipfel Vorarlbergs und das begehrteste Ziel in diesem Land.

Über die steile Moräne kurz hinab auf den Ochsentalergletscher. Unter dem großen Bruch (Eisschlag!) ganz auf die andere Seite. Dort zwischen Spalten über die Stufe und bis 2940 m Höhe noch nach Süden, dann genau auf die auffallende Buinlücke (3056 m, Skidepot) zu. Diagonal über den steilen Hang zur Geländekante (oft falsch als Westgrat bezeichnet), kurz auf der Rippe, dann dahinter über eine ausgesetzte Felsstufe mit Rinne, »Kamin« genannt, und schließlich auf dem nun weniger steilen Rücken zum Gipfel.

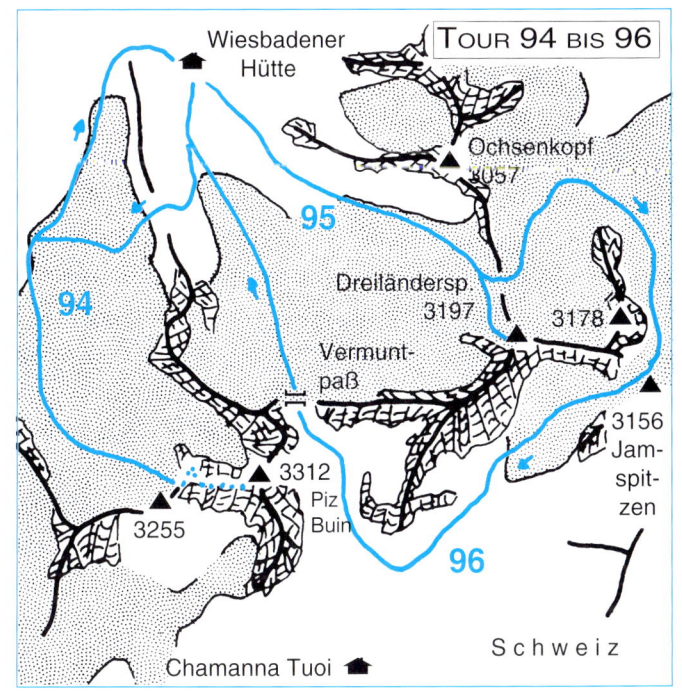

Tour 94 bis 96

Wiesbadener
Hütte

Ochsenkopf
3057

95

94

Dreiländersp.
3197

3178

Vermunt-
paß

3156
Jam-
spit-
zen

3312
Piz
Buin

96

3255

Chamanna Tuoi

S c h w e i z

Abfahrt Entweder auf der gleichen Route oder – viel lohnender – über den gesamten Gletscher hinab bis zum Bachzusammenfluß im Ochsental (2250 m). Von dort in 40 Min. wieder empor zur Hütte oder weiter talaus zu See und Bielerhöhe.

95 Dreiländerspitze

(3197 m) Lieblingsziel über dem Vermuntgletscher

Touren-Steckbrief

Aufstiegszeit: 2 1/2 Std. von der Wiesbadener Hütte.
Abfahrt: Maximal 600 Hm, davon 500 Hm über sehr weite, einfache Gletscherflächen und Karmulden.
Lawinengefahr: Steilhang zum Gipfelgrat evtl. schneebrett-gefährlich.
Himmelsrichtung: Nord- und nordwestseitig.
Gipfelaufbau: Längerer Grat zum Vorgipfel, scharfe, ausgesetzte, evtl. schwierige Schneide zum höchsten Punkt.
Stützpunkt: Wie Ausgangspunkt.
Ausgangspunkt: Wiesbadener Hütte (2443 m), Näheres siehe Route 89.

Der berühmte Berg bildet das Ländereck zwischen Vorarlberg, Tirol und Graubünden. Es handelt sich um ein auffallendes, elegantes Horn mit langen, gezackten Felsgraten, die aus weiten Gletscherfeldern herauswachsen.

Die Tour Bei diesem Modeziel gibt es zwei recht unterschiedliche Teilstücke. Problem- und mühelos erreicht man über Böden und Gletscherflächen den steilen Gipfelaufbau. Von dort führt ein jäher Hang zum Grat, den man je nach Verhältnissen entweder mit Skiern oder auch mit Pickel und Steigeisen begeht. Dann folgt noch ein relativ langer Felsgrat.

Aufstieg Von der Hütte auf Hängen und über kleine Absätze unter dem steilen Vermuntkopf hindurch nach Südosten und stets links bleibend auf den Vermuntgletscher. Nun in weitem Bogen über die makellose Fläche, an der Oberen Ochsenschar te vorbei, zum auffallenden Eishang im Nordwesten des Gipfels. Von links nach rechts über diese Steilstufe auf die Schulter

(3100 m) im Westnordwestgrat; spätestens hier Skidepot. Anfangs neben, dann auf dem teilweise scharfen Felsgrat (Kletterei I. Grades, evtl. Seil nötig) zum Nordgipfel. Nur bei aperem Fels ist der exponierte Übergang zum Hauptgipfel für »normale« Bergsteiger möglich.

Vermuntgletscher und Dreiländerspitze; der Aufstieg erfolgt über das steile Eisfeld und den anschließenden, scharfen Grat.

96 Hintere Jamspitze

(3156 m) Rundtour Jamtalferner – Tuoimulde

Touren-Steckbrief

Aufstiegszeiten: Insgesamt 4 Std.

Abfahrt: 1200 Hm, meist auf mäßig geneigten Gletschern, nur auf der Schweizer Seite steil.

Lawinengefahr: Stabile Verhältnisse wichtig (die steilen Südhänge begeht man etwa mittags).

Himmelsrichtung: Alle Richtungen.

Gipfelaufbau: Mit Skiern bis kurz unter den Gipfel.

Stützpunkt: Unterwegs keiner (etwas tiefer die bewirtschaftete Tuoihütte des SAC).

Ausgangspunkt: Wiesbadener Hütte (2443 m), siehe Tour 89.

Im Grenzkamm östlich der Dreiländerspitze stehen die beiden Jamspitzen, die üblicherweise zum Programm der Jamtalhüttengäste gehören. Der hintere Gipfel läßt sich aber auch, gerade von der Wiesbadener Hütte aus, in eine besonders spannende Bergfahrt einbinden.

Die Tour Unsere Rundtour bietet nicht nur eine Fülle reizvoller landschaftlicher Eindrücke (man kommt zum Beispiel den 800 m hohen Süd- und Ostwänden des Piz Buin ganz nahe), sondern auch eine Abfahrt der Extraklasse, die nur wenige deutsche und österreichische Bergsteiger kennen: die Strecke über den Gletscher und die Mulde von Tuoi. Man könnte die Tour auf zwei Tage ausweiten: von der Hinteren Jamspitze zur Chamanna da Tuoi (2250 m), Übernachtung, dann Besteigung des Piz Fliana (3281 m, 3 1/2 Std., anspruchsvoller Gipfelaufbau mit Steilgletscher) und Rückkehr über die Fuorcla dal Cunfin.

Auf die Hintere Jamspitze Wie bei der Dreiländerspitze beschrieben (Tour 95), von der Wiesbadener Hütte zur Oberen Ochsenscharte (2970 m). Abfahrt auf dem Jamtalferner (Spalten) nach Norden und Nordosten bis auf 2800 m Höhe. Nach rechts unter den Nordgratfuß der Vorderen Jamspitze, dann Aufstieg nach Süden durch eine Spaltenzone auf das weite Gletscherdach und nach rechts ins Jamjoch (3078 m, Grenze). Mit Skiern, das letzte Stück zu Fuß ohne Probleme auf die Hintere Jamspitze

Rückkehr über den Vermuntpaß Aus dem Jamjoch über eine sehr steile Stufe nach Westen hinab, dann herrliche Fahrt über den Vadret da Tuoi und durch die anschließenden Mulden bis auf 2500 m Höhe. Nun nur noch wenig abwärts rechts am Hang entlang und um einen Moränenrücken ins folgende Tälchen. Dort sehr steil empor, dann durch eine schöne Mulde in den Vermuntpaß (2797 m, Grenze) und gemütlich über die weiten Flächen des Vermuntgletschers zurück zur Wiesbadener Hütte.

Rauher Kopf

(3101 m) Zackenberg mit Idealabfahrt

Touren-Steckbrief

Aufstiegszeit: 3 1/2 Std. von der Bielerhöhe.
Abfahrt: 1030 Hm, 600 Hm über einfache, herrliche, nordseitige Böden, dann teilweise flaches Tal, kleiner Gegenanstieg zur Bielerhöhe.
Lawinengefahr: Viele Lawinenstriche im engen Bieltal.
Himmelsrichtung: Weitgehend nordwest- und nordseitig.
Gipfelaufbau: 100 m hoher Grat mit Geröll und blockigem Fels (im Sommer I+), evtl. Pickel und Steigeisen nötig.
Stützpunkt: Evtl. Wiesbadener Hütte, sonst Gasthaus und Alpenvereinshütte auf und bei der Bielerhöhe.
Ausgangspunkt: Bielerhöhe (2036 m), Näheres siehe Tour 89.

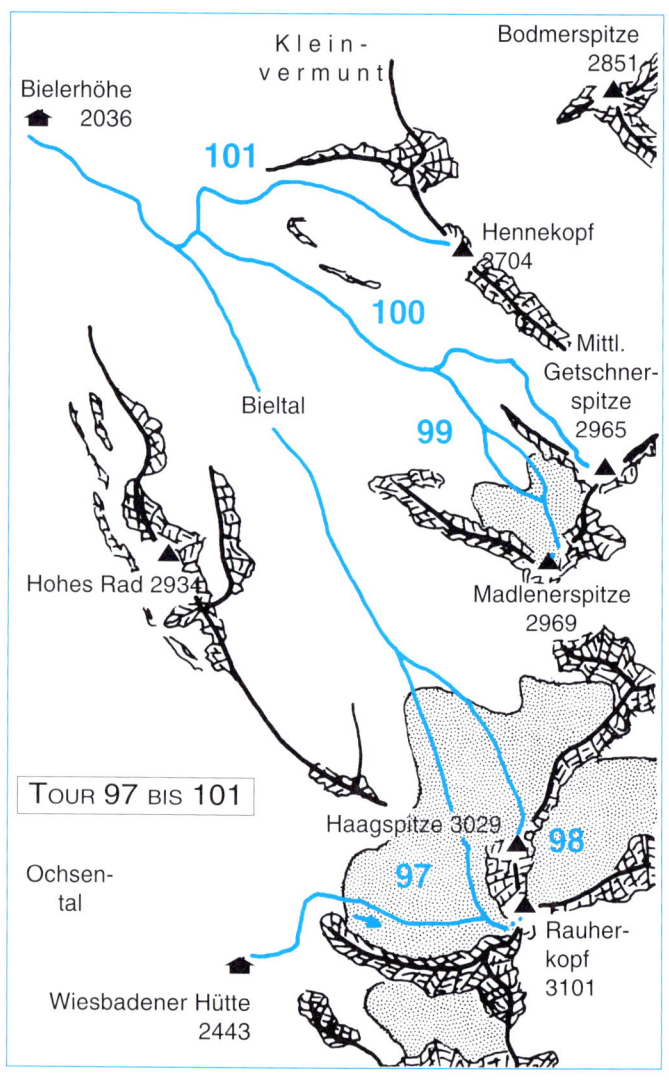

Kleinvermunt

Bodmerspitze
2851

Bielerhöhe
2036

101

Hennekopf
2704

100

Bieltal

99

Mittl.
Getschnerspitze
2965

Hohes Rad 2934

Madlenerspitze
2969

TOUR 97 BIS 101

Haagspitze 3029

98

Ochsental

97

Rauherkopf
3101

Wiesbadener Hütte
2443

Über Jamtal, Ochsental und Bieltal ragt als Wächter der Rauhe Kopf auf, ein typischer Gipfel der zentralen Silvretta: Die mit Zacken und Türmen gespickten, fast schwarzen Grate wachsen aus weiten Gletscherfeldern heraus. In seinem Nordkamm steht ein weiterer, allerdings eher unbedeutender, aber mit einem Steilgletscher geschmückter Dreitausender, die Haagspitze (3029 m).

Die Tour Die Abfahrt von der Rauhekopfscharte über die glatten, hindernislosen Hänge gehört zum Schönsten aus der Kategorie »einfach«. Das folgende Bieltal ist allerdings stark von Lawinen bestrichen. Dieser Gipfel bietet zudem eine reizvolle Möglichkeit, von der Wiesbadener Hütte zur Bielerhöhe zurückzukehren.

Aufstieg Von der Bielerhöhe mit einigem Höhenverlust auf den weiten Boden östlich des Staudammes. Von rechts auf den Rücken, der den Bieltalbach auf der Westseite begleitet. Über ihn zur Ausmündung des Bieltals (2100 m). Nach Süden durch das problemlose, aber von sehr steilen Hängen eingerahmte Tal zu den folgenden Idealböden. Sich etwas rechts haltend über Bieltalferner und Rauhekopfgletscher (zweierlei Bezeichnungen wegen der Sprachgrenze Vorarlberg – Tirol) empor, westlich an Haagspitze und Rauhem Kopf vorbei gegen die Rauhekopfscharte. Skidepot etwas links davon. Zu Fuß durch eine Rinne zum Grat und über ihn (Umgehungen bei den Felsstufen links) auf den Gipfel.

Zugang von der Wiesbadener Hütte Von der Hütte gerade über eine kurze Stufe empor in das vom Tirolergletscher herabkommende Tälchen. Schon kurz nach Erreichen dieses Tälchens auf der anderen Seite über die Steilstufe und anschließend auf welligen Böden ein gutes Stück nach Norden, dann nach rechts auf den Rauhekopfgletscher und zur gleichnamigen Scharte. Weiterer Aufstieg und Abfahrt wie oben. Von der Hütte 2 1/4 Std.

98

Wer rassiges Gelände liebt, wird statt des Rauhen Kopfs dessen nördlichen Vorberg, die Haagspitze, über einen interessanten Steilgletscher besteigen. Die Route: Wie beschrieben auf den Bieltalferner. Nun sich etwas mehr links haltend in das obere Becken. Über den sehr steilen Gletscher auf die Schulter links des Gipfels (Obere Totenfeldscharte). Noch kurz mit Skiern, dann zu Fuß über den scharfen Grat rasch zum höchsten Punkt.

99 Madlenerspitze
(2969 m) Felshorn mit Steilgletscher

Touren-Steckbrief

Aufstiegszeit: Gut 3 Std. von der Bielerhöhe.

Abfahrt: 970 Hm, glatter, steiler Schartenhang, teilweise flache Böden, kleiner Gegenanstieg zur Bielerhöhe.

Lawinengefahr: Der steile Madlenerferner ist schneebrettgefährlich.

Himmelsrichtung: Nord- bis westseitig.

Gipfelaufbau: Sehr steile Rinne zum Gipfel.

Stützpunkt: Unterwegs keiner, Gasthaus und Alpenvereinshütte auf und bei der Paßhöhe (siehe Tour 89).

Ausgangspunkt: Bielerhöhe (2036 m), Näheres siehe Tour 89.

Wer ins Bieltal hinaufsteigt, dem fällt im Südosten ein eleganter, recht wilder Felsgipfel ins Auge, die Madlenerspitze, die nach dem Bergsteiger und Skipionier Madlener benannt wurde. Aus der Nähe erinnern die fast schwarzen Felspfeiler und Riesenblöcke ein wenig ans Montblancgebiet.

Mit schroffen Felsen ragt die Madlenerspitze über dem gleichnamigen Gletscher auf. Die Route führt über das Steileis auf die linke Schulter.

Die Tour   Der Zugang bis auf den kleinen Madlenerferner ist einfach. Doch dann wird's spannend: Ein Arm des Gletschers zieht steil, schon fast als Eisflanke, gegen den Ostgrat empor – bei idealem Schnee ein 200-Hm-Traumhang; auch der letzte Anstieg zu Fuß kann anspruchsvoll werden.

Aufstieg   Von der Bielerhöhe mit einigem Höhenverlust auf den weiten Boden östlich des Staudammes. Von rechts auf den deutlichen Rücken, der den Bieltalbach auf der Westseite begleitet. Über ihn zur Ausmündung des Bieltals (2100 m). Nun nach Osten 100 Hm über den Hang und nach rechts in den Sattel neben dem »Runden Kopf«. Auf fast ebenen Absätzen talein zum Weißen Bach und nach Südosten auf einen weiten Boden zwischen 2500 und 2600 m Höhe. Rechts oder links um Punkt 2713 auf den Madlenerferner und über den schönen, glatten, im oberen Teil äußerst steilen Hang auf die Ostgratschulter (2940 m) der Madlenerspitze. Skidepot. Knapp südlich des Grates durch eine Rinne über Schnee oder Fels (Pickel oft wichtig, im Sommer bis II. Schwierigkeitsgrad) sehr steil auf den Gipfel.

100 Mittl. Getschnerspitze
(2965 m) Abseits des Üblichen

Touren-Steckbrief

Aufstiegszeit: Gut 3 Std. von der Bielerhöhe.
Abfahrt: 970 Hm, teilweise ideale Hänge, teilweise flache Böden, kleiner Gegenanstieg zur Bielerhöhe.
Lawinengefahr: Oberste Hänge evtl. schneebrettgefährdet.
Himmelsrichtung: Nordwest- und westseitig.
Gipfelaufbau: Kurz über Blockwerk auf den Gipfel.
Stützpunkt: Unterwegs keiner, Gasthäuser und Alpenvereinshütte auf und bei der Paßhöhe.
Ausgangspunkt: Bielerhöhe (2036 m), Näheres siehe Tour 89.

Im langen Kamm zwischen Kleinvermunt und Jamtal steht mancher auffallende Felsgipfel, der kaum bekannt ist, ja, der höchste Berg des Kammes, die Vordere Getschnerspitze (2975 m), fehlt sogar auf den meisten Karten. Sie ist ein wildes, unnahbares Ziel, während ihre etwas kleinere Schwester, die Mittlere Getschnerspitze, eine reizvolle Frühjahrs-Skitour bietet.

Die Tour Die Mischung aus makellosen Hängen und flachen Böden ist das Merkmal dieser weniger bekannten Skibergfahrt. Das mag daran liegen, daß der ideale Zugang über den Nordwestgrat in die Gipfelscharte von unten nicht zu sehen, nicht einmal zu ahnen ist.

Aufstieg Von der Bielerhöhe mit einigem Höhenverlust auf den weiten Boden östlich des Staudammes. Von rechts auf den deutlichen Rücken, der den Bieltalbach auf der Westseite begleitet. Über ihn zur Ausmündung des Bieltals (2100 m). Nun nach Osten 100 Hm über den Hang, dann nach rechts in den Sattel neben dem »Runden Kopf«. Über fast ebene Absätze talein und nördlich des Weißen Bachs bleibend bis zur Bachverzweigung. Links des linken Bachs über die 80-Hm-Stufe. Dann nach rechts auf die Moräne und flach hinein zum schönen Hennebergferner. Auf 2800 m Höhe nach Süden über einen steilen Hang zum Nordwestgrat und durch kleine Mulden und über Rampen in die Scharte zwischen den beiden Gipfeln. Steil über gewaltige, meist tief verschneite Blöcke zu Fuß auf die Mittlere Getschnerspitze.

Hennekopf (2704 m)

101

Dies wäre eine deutlich kürzere und einfachere Alternative mit einer hindernislosen und zügigen Abfahrt. Die Route: Wie zuvor beschrieben zum Bieltalbach (2100 m). Auf der anderen Bachseite erst nach Norden schräg durch die Hänge, dann gerade aufwärts auf die schönen Böden südlich des Hennekammes und immer parallel zum Grat nach Südosten, schließlich über eine etwas steilere Fläche auf den Gipfel (2 1/2 Std. Gesamtaufstieg, 800 Hm meist westseitige Abfahrt, kurzer Gegenanstieg zur Bielerhöhe).

Hennebergferner mit Vorderer und Mittlerer Getschnerspitze. Die Route folgt etwa dem rechten Grat.

Register

Annalperjoch 47

Bielerhöhe 155
Blankuskopf 107
Brendler Lug 45
Buin, Piz 163
Bullerschkopf 27

Douglaßhütte 1 10
Dreiländerspitze 166
Drusentor 130, 131
Drusenturm 127

Elsenkopf 54
Emser Hütte 61
Erlispitze 93
Erzberg 88

Falken 13
Falzerkopf 36, 39
Feuerstätterkopf 21

Galinakopf 101
Gehrenberg 82
Geißspitze 121, 124
Getschnerspitze 174
Goselkopf 63
Grüner 80
Gümplespitze 91
Guntenkopf 64
Güntlespitze 41

Haagspitze 172
Hasenfluh 88
Hehlekopf 40
Heimbühel 146
Hennekopf 175
Hinterberg 135
Hochblanken 31
Hochgerach 67
Hochrieskopf 24
Höferberg 78
Hohe Kugel 61
Hoher Freschen 65

Itonskopf 118

Jamspitze, Hint. 168

Kaltenberg 97
Kaltenberghütte 99
Kanisfluh 49
Klamperschrofen 105
Kleinseehorn 152
Klippern 51
Koppachsteine 16, 17
Krabachspitze 94
Kreuzjoch, Golmer 9,
  11, 126
Kromerspitzen 147,
  149
Kunkelkopf 71

Latschätzkopf 120
Liggstein 34
Lindauer Hütte 122
Lug, Brendler 45
Luguntenkopf 31
Lusgrind 73

Madlenerhaus 155
Madlenerspitze 172
Madrisajoch 136
Madrisella 143
Maroiköpfe 98
Matschunerkopf 145
Mehlsack 84
Mittagsfluh 36
Mondspitze 102

Obersehrenkopf 63
Oberzalimkopf 109
Öfakopf 125
Oswaldkopf 136

Paschianikopf 141
Peischelkopf 95
Piz Buin 163
Portlerhorn 59

Ragazer Blanken 56
Rauher Kopf 169
Ritzenspitzen 138

Roßkopf 86
Rotbühelspitze 139

Saarbrücker Hütte 15
Schafberg, Garschina
  131
Schafberg, Oberer 84
Schafgafall 115
Schesaplana 112
Schillersattel 103
Schneeberg, Ver-
  galda132
Schneeglocke 155
Schönberg 99
Schwarzwasser-
  hütte 40
Seekopf 79
Sienspitze 29
Signalhorn 162
Silvretta-Egghorn 160
Silvretta-Rundfahrt
  161
Silvrettahorn 159
Siplingerspitze 19
Skiköpfle 104
Sonntagspitze 155
Steinmannl 38
Stuttgarter Hütte 94

Toblermannskopf 43
Trittscharte 94

Versettla 141, 143

Wangspitze 75
Wannaköpfle 116
Wannenkopf 53
Wiesbadener Hütte
  158
Windeggerspitze 108
Winterberg 153
Winterstaude 25
Wirt 96
Wösterhom 89

Zaferhorn 69